STÉPHANE FRANKE MIT MONIKA HOFFMANN

NORDIC WALKING

...mehr Spaß und Fitness mit Nordic Walking!

6

7

8

9

Jochen Behle,
43 mal Deutscher Meister,
Bundestrainer Ski-Langlauf

VORWORT

Sie zögern noch, die Stöcke in die Hand zu nehmen? Wird Ihnen Nordic Walking auch wirklich Spaß machen? Meine Antwort lautet: Ja! Der neue Fitness- und Gesundheitssport ist herrlich unkompliziert und eine der besten Möglichkeiten, intensives Naturerlebnis und sportliche Betätigung miteinander zu verbinden.
Egal wie alt sie sind und welche sportlichen „Vorkenntnisse" Sie haben – Nordic Walking erlernen sie schnell. Es gibt wenige Sportarten, die Ihre Fitness verbessern, Herz und Kreislauf in Schwung bringen, aber gleichzeitig auch Ihren Bewegungsapparat entlasten. Und dabei Sporteinsteiger oder Bewegungsmuffel ganz nebenbei regelmäßig vor die Tür locken. Nordic Walking macht Ihnen Beine – ohne Sie sportlichem Stress auszusetzen. Doch noch mehr Freude macht der Sport in Gesellschaft: Nordic Walking lebt vor allem vom Gruppengefühl. Das kann Flügel verleihen und der Beginn wunderbarer Freundschaften sein.
Während meiner aktiven Zeit in den 80er Jahren habe ich oft mit Stöcken trainiert. Damals nannten wir es noch nicht Nordic Walking, sondern „Stöckelaufen" oder „Skigang". Mit dieser Technik wurde vor der Saison Ausdauer und Schnellkraft verbessert, bevor es im Winter in die Loipe ging. Ich hätte nie für möglich gehalten, dass daraus ein Volkssport werden würde – und es freut mich daher umso mehr!
Vielleicht können die Erfolge unserer Skilangläuferinnen und -läufer dieser jungen Sportart weiteren Schwung verleihen. In meiner Heimatstadt Willingen bin ich seit kurzem Pate unserer neuen Nordic Walking-Strecken. Vier schöne Routen mit insgesamt 37 km Länge motivieren zu Ausflügen in die Umgebung.
Haben Sie nun Lust bekommen, sportlich aktiv zu werden? Dann lassen Sie sich von Stéphane Franke in diesem Buch auf Ihre ersten Schritte vorbereiten. Seine Tipps werden Ihren ersten „Stockgang" zu einem Vergnügen machen und Ihnen helfen, die sportliche Belastung richtig zu dosieren. „Hör auf Dein Herz!" ist eine sinnvolle Devise, die mehr Spaß und Fitness mit Nordic Walking garantiert. Stéphane weiß, worüber er schreibt: Profitieren Sie von den wertvollen Erfahrungen seiner langen Ausdauersport-Karriere.

Besonders gut gefällt mir, dass diesem kompetent geschriebenen und zugleich äußerst unterhaltsamen Sachbuch eine DVD beigefügt ist. Die technischen Abläufe beim Nordic Walking werden darauf denkbar einfach und verständlich vermittelt.

Ich wünsche Ihnen viel Freude beim Lesen und Ausprobieren!
Ihr Jochen Behle

EINFÜHRUNG

GEHEN MIT „STÄBCHEN" MACHT SPASS!

Ja, auch ich gehe mit „Stäbchen" und habe jede Menge Spaß dabei! Ich mag diese Form der Fortbewegung, weil sie mit dem Skilanglauf verwandt ist. Damals, als es bei uns noch lange weiße Winter gab, war ich regelmäßig auf den schmalen Brettern unterwegs: Anfang der Achtziger Jahre ging es mit einer Gruppe Mittel- und Langstreckler regelmäßig zum Langlauf in den Nordschwarzwald oder auf die wilde Schwäbische Alb. „Neue Reize setzen" und „Ausgleich zum Sommertraining auf der Bahn" waren die offiziellen Beweggründe – hauptsächlich aber genossen wir es, mit ungebremster Kraft durch den glitzernden Schnee zu fliegen. Das Gefühl von Geschwindigkeit und Leichtigkeit – kombiniert mit zusammengefrorenen Nasenflügeln und winterfrischer Luft – ist eines meiner liebsten sportlichen Erlebnisse. Gleiten mit Hilfe von Stöcken, sich kräftig abstoßen, die Fahrt beschleunigen oder leicht einen Berg hinauftänzeln – all das übt noch heute eine große Anziehungskraft auf mich aus. Damals hießen meine Langlaufgötter Juha Mieto (Finnland) und Thomas Wasberg (Schweden) und ich saß mit roten Ohren vor dem Fernseher, als sie sich 1980 in Lake Placid ein unvergessliches Duell über 15 Kilometer in der Olympialoipe lieferten. Der Schwede gewann mit jener berühmt-berüchtigten Hundertstelsekunde vor dem Finnen. Natürlich habe ich immer noch diesen legendären Ausspruch des ZDF-Reporters Bruno Moravetz im Ohr: „Wo ist Behle?" Dieser Satz machte den jungen Jochen Behle damals über Nacht berühmt.

Viele Skiasse waren in dieser Zeit schon als Nordic Walker aktiv. Lange bevor der stockgetriebene Geländelauf zum skandinavischen Breitensport wurde und einige Jahre vor Ausbruch des Walkingfiebers. Wintersportler wie sie wussten, warum sie im Sommer durch Berge und Tundra stöckelten und sie würden allen Skeptikern gute Gründe für den Griff zum mittlerweile hochentwickelten Carbongerät nennen: Nordic walken sorgt nicht nur für „Muckis" an Armen, Oberkörper, Gesäß und Beinen, sondern ist ein ideales Ganzkörpertraining. Ohne je

Langeweile aufkommen zu lassen, stärkt es Herz und Kreislauf und verbessert die Ausdauer spielerisch: Wenn Bewegung Freunde macht, vergeht die Zeit wie im Fluge. Das ist selten und aus meiner Sicht als Trainer mehr als erfreulich.

An die Stöcke und los! Endlich haben Sie einen verlässlichen Begleiter, der auch in unwegsamem Gelände zu ihnen hält und Abwechslung ins Training bringt. Walkingstöcke lassen sich als Assistenten für Dehnübungen verwenden, ermöglichen große Sprünge und helfen müder Muskulatur beim Bergablaufen. Wer bisher ohne sie auskommen musste, wird die Vorteile der Zusammenarbeit zu schätzen wissen:
Nun können Sie Ihre Streifzüge durch die Natur ausweiten und sich auf ausgedehnten Erkundungstouren auf ihre Stütze verlassen. Und wenn Sie der Hafer sticht, fangen Sie einfach an zu joggen.

„Ach, Du gehst auch mit Stäbchen“, witzelte ein Freund von mir, als er mich zum ersten Mal in Begleitung zweier Stöcke sah. Ich kann verstehen, dass manchen Zeitgenossen die geradezu unheimliche Vermehrung der Nordic Walker suspekt ist.
Doch beweist die große Begeisterung für diesen Sport nicht gerade, dass er Spaß macht und faszinierend ist? Lassen Sie sich von der Nordic Walking Instruktorin Monika Hoffmann in die Feinheiten des Nordic Walking einführen und walken Sie los!

Viel Freude wünscht Ihnen
Stéphane Franke

2 AN DIE STÖCKE,

Simsalabim: Zwei „Zauberstäbe“ holen selbst Bewegungsmuffel und Faulpelze aus dem Sessel! Noch nie war es so einfach, fit zu werden – und es auch zu bleiben: Nordic Walking bringt auf überraschend angenehme Art Bewegung in Ihr Leben und ist ein rezeptfreies Anti-Stress-Mittel. Schwung holen und abheben!

FERTIG…LOS!

AN DIE STÖCKE, FERTIG...LOS!

YOU NEVER WALK ALONE! DREISAM WALKEN MACHT LAUNE

„Beim Nordic Walking bin ich nie allein“, erklärt Peter seine persönlichen Beweggründe. Was zunächst Gelächter auslöst, findet im Nordic Walking-Kurs schnell allgemeine Zustimmung: Die Stöcke erleichtern tatsächlich den ersten Schritt aus gemütlichen Behausungen, weg vom kuscheligen Sessel und der verführerischen Küche. Die Kollegen aus Carbon lehnen lässig im Flur und bringen es fertig, auch Menschen mit gewissen Anlaufschwierigkeiten oder ausgesprochen „faule Säcke“ zu einem Spaziergang zu überreden. „Du hast doch uns“, signalisieren sie und ermuntern: „Jetzt aber los – gemeinsam ist es doch ein Kinderspiel!“

Nun sind Sie zu dritt – und das ist weit besser, als einsam zu walken oder solo zu joggen. „Fast so, als hätte man einen Hund dabei“, bringt es Jürgen auf den Punkt und die anderen stimmen zu. „Man fühlt sich nicht so nackt und hat nicht das Gefühl, sofort wie ein Hirsch loslegen zu müssen“, ergänzt Renate und erwähnt einen der psychologischen Pluspunkte: Nordic Walking vermittelt nordisch Walkenden eine gewisse Sicherheit, die durchaus mit der imposanten Gestalt des Sportgeräts zusammenhängt. Seit jeher nutzten Menschen Stöcke zur besseren Fortbewegung und konnten mit ihnen im Bedarfsfall Feinde aller Art in die Flucht schlagen. Als moderner Nordic Walker sind sie also bestens für alle Eventualitäten gerüstet. Das beruhigt ungemein. Und verleiht dieser Sportart eine gewisse Erhabenheit.

Nordic Walking kann kurios aussehen, wenn der Bewegungslauf nicht korrekt ausgeführt wird. Das ist oft der Fall und hatte Felix lange Zeit von einem „Probegang“ abgehalten. „Viele Nordic Walker tragen ihre Stöcke wie ein Handtäschchen oder lassen sie hinter sich herflattern. Das sieht ganz schön komisch aus!“, amüsiert sich der jüngste Kursteilnehmer. Er hat nach einer komplizierten Knieoperation mit Nordic Walking-Stöcken das Gehen gelernt und will sie bald schon zu anspruchsvollen Bergläufen benutzen. Felix ist der mutigste und setzt bei unseren Trainingsläufen mit viel Schwung selbst über breite Gräben. Springen und Juchzen gehören zusammen: Mit „Huiii!“ und „Hurraaa!“ folgen ihm die älteren Walker als verwegene Sprungkünstler. Er hält, der Stock – jetzt weiß ich's ganz genau und trau mich was!“, jubelt Renate und bestätigt sich selbst: „Nicht ich trage die Stöcke, die Stöcke tragen mich!“

Wer trägt wen? Dass auch ambitionierte Sportler ihre Probleme mit Nordic Walking haben, weiß Monika Hoffmann aus langjähriger Erfahrung als Trainerin: „Besonders

Leute, die vom Skilanglauf kommen, brauchen oft technische Nachhilfe. Sie neigen dazu, die Stöcke zu weit nach vorne zu schwingen und überfordern damit ihre Schulter- und Oberarmmuskulatur. Das kann dann ganz schön schmerzhaft werden." Auch wenn Nordic Walking einfach aussieht – Spaß macht der Sport auf Dauer nur, wenn es „rund" läuft. Mit einer Seminarteilnahme oder guter Fachliteratur ist die korrekte Technik schnell erlernt und der Grundstein für ein effektives und vor allem verletzungsfreies Training gelegt.

Jetzt kann es losgehen: „Nur mit einem perfekten Bewegungsablauf profitieren Sie von den Vorzügen dieser Disziplin, schonen besonders verletzungsanfällige Zonen wie Knie und Rücken und schulen ganz nebenbei Beweglichkeit und Koordinationsfähigkeit", warnt die Sportlehrerin vor Alleingängen. Dass Nordic Walking bei eingefleischten Joggern nicht hoch im Kurs steht, weiß sie. Doch rät sie allen, die bisher Walking oder Laufen favorisiert haben, zu einer „Schnuppertour" mit Stöcken. Ihr Einsatz stärkt insbesondere die beim Laufen vernachlässigte Muskulatur des Oberkörpers mit Brust, Schultern und Armen. Auch Rücken- und Bauchmuskulatur werden gekräftigt. Nebeneffekt: Verspannungen im Schulter- und Nackenbereich werden durch das

Wechselspiel von Muskelanspannung beim Stockeinsatz und der Entspannung beim Lösen des Stocks im Schongang „weggeschaukelt". Was jedoch nicht bedeutet, dass Nordic Walker in einem gemächlichen Tempo durch die Gegend schaukeln. Nichts hindert Sie daran, richtig Tempo zu machen!

Zum Schluss noch ein Motivationstipp: Wie ich von einem schwedischen Freund erfahren habe, hat seine Tante Lilli – eine begeisterte Nordic Walking-Späteinsteigerin – ihre Stöcke Knut und Lasse genannt. „Das festigt unser Verhältnis", begründet sie die Taufe. Außerdem dürfe man bewegungshungrige Freunde nicht enttäuschen. Ohne zu überfordern, verbessert regelmäßiges Training im Gelände die Ausdauerfähigkeit und kräftigt Ihren Körper.

MEINE WALKINGSTÖCKE HABEN ANERKENNUNG VERDIENT

Mit ihnen lassen sich einzelne Bewegungsabläufe des Skilanglaufs ohne viel Aufwand auch im Sommer simulieren.
Die Zugphase war und ist auch im Hochleistungssport Bestandteil eines kräftigenden Zirkeltrainings mit elastischen Therabändern.

NORDIC WALKING – MOBILMACHER MIT LANGZEITWIRKUNG

Gehen mit schwungvoller Unterstützung von Stöcken – nichts ist einfacher und lässt sich unkomplizierter realisieren: Wenn Sie es einrichten können, nutzen Sie die Morgenstunden zu einem kleinen Ausflug und erleben Sie, wie Ihr Körper in Schwung kommt. Sitzen oder stehen können Sie danach noch lange genug – nach einer Mini-Trainingseinheit fällt es Ihnen leichter, Ihren Arbeitstag durchzustehen oder auszusitzen.

Beim Gehen in frischer Morgenluft werden nicht nur Herz- und Kreislauf angeregt, sondern auch das Gehirn besser durchblutet. Nach dem „Frühsport" arbeiten Sie in der Regel konzentrierter, sind kreativer, ausdauernder und nicht zuletzt ausgeglichener. Sie haben morgens absolut keine Zeit? Vielleicht gelingt es Ihnen ja, den Weg nach Hause zu walken? Unmittelbar nach der Arbeit haben Sie noch die nötige Motivation – wenn Sie abends erst in den Fernsehsessel gesackt sind, fällt es Ihnen unendlich schwer, sich aufzuraffen und die Walkingschuhe zu schnüren.

Stöcke lassen sich auch prima im Auto verstauen. Vielleicht entscheiden Sie sich auf der Heimfahrt ja spontan für eine halbe Stunde Bewegung? Wecken Sie Körper, Geist und Sinne mit flotten Gehschritten

und atmen Sie kräftig durch. Nehmen Sie sich etwas Zeit, Ihre während des Arbeitstages unterforderte oder einseitig belastete Muskulatur zu beanspruchen. Es lohnt sich, denn Nordic Walking schafft auch Abstand zwischen Ihrem Arbeitsplatz und Ihrem Zuhause, in dem Sie Ihr Leben in den letzten Stunden des Tages unbeschwert und mit allen Sinnen genießen wollen. Locker lassen und munter werden, heißt die Devise! Wenn Sie Ihren Körper während und nach dem Sport wieder spüren, wird dieses positive Gefühl Ihnen auch ein neues „Selbst-Bewusstsein" schenken. Nordic Walker können eine positive Bilanz ziehen: Jede Trainingsminute ist gut investiert, denn Sie werden reichlich beschenkt.

DEM STRESS DIE STÖCKE ZEIGEN – SO BLEIBEN SIE FIT UND ENTSPANNT

Regelmäßiges Nordic Walking ist nicht nur ein hervorragendes Fitnesstraining, sondern stabilisiert auch Ihre Gesundheit. Beim Ausdauersport werden vermehrt Abwehrkräfte aktiviert und das körpereigene Immunsystem gestärkt. Krankheitserreger können damit jederzeit erfolgreich bekämpft werden. Regelmäßiges Nordic Walking hilft Ihnen auch dabei, Ihr Körpergewicht zu halten oder sich von lästigen Pfunden zu befreien. Wenn Sie Ihr Training im aeroben Bereich

durchführen – also in mäßigem und mittlerem Tempo gehen – wird Ihr Körper alte Fettdepots aufbrauchen. Zusätzlich steigt der Tages-Grundumsatz des Organismus. Bei erhöhtem Stoffwechsel verbrauchen Sie mehr Energie und dürfen bei den Mahlzeiten unbesorgt neue „Betriebsstoffe" für Ihren „Motor" aufnehmen.

Zu guter Letzt noch eine gute Nachricht: Nordic Walking ist auch ein ideales rezeptfreies Entspannungsmittel. Stress haben die meisten von Ihnen schließlich schon im Berufs- und Privatleben. Viele Zeitgenossen verordnen sich dennoch aus schlechtem Gewissen („Also, jetzt muss ich meinen Körper mal richtig rannehmen!") oder Kollektivzwang („Die anderen laufen auch 10 km durch den Wald!") eine Sportart, die ihren Bedürfnissen oder körperlichen Voraussetzungen nicht entspricht. Oft ist es das vielgepriesene Jogging, denn Laufen wird in zahlreichen Publikationen als Wundermittel gegen Fettpölsterchen, frühzeitiges Altern und Frust aller Art empfohlen. Viele „Mitläufer" erreichen jedoch schnell die Belastungs- und Spaßgrenze. Erschöpfung statt Erholung ist das unerwünschte Resultat von „Zwangstraining". Schlimmstenfalls protestieren nach einigen Hauruck-Einheiten auch jene Körperteile, mit denen Sie eigentlich friedlich kooperieren wollten.

Machen Sie eine nüchterne Bestandsaufnahme Ihrer bisherigen sportlichen Aktivitäten

und deren Wirkung: Sind Sie glücklich und entspannt während und nach der von Ihnen gewählten Sportart und fühlen Sie sich dabei stark und wach? Warum versuchen Sie es nicht einmal mit Nordic Walking, wenn Ihnen Jogging keinen Spaß macht? Rückenschmerzen und Verspannungen werden Sie künftig nicht mehr plagen, denn Wirbelsäule, Gelenke, Sehnen und Bänder freuen sich darüber, dass sie nur das Ein- bis Zweifache Ihres Körpergewichts abfedern müssen. Beim Jogging hingegen wird der gesamte Bewegungsapparat nach der Flugphase mit dem Dreifachen des Körpergewichts belastet. Punktgewinn für Nordic Walking: Insbesondere für Menschen mit orthopädischen Problemen, Verletzungen des Bewegungsapparats oder Übergewicht ist diese Sportart eine ideale Alternative. Entwickeln Sie aus Eitelkeit keinen falschen Ehrgeiz: In der Nordic Walking-Fangemeinde sind auch ehemalige Läufer, die Nordic Walking entweder zusätzlich zum Laufen betreiben oder nach einer langen Laufkarriere zum dynamischen Gehen gefunden haben. Sie steigern die Belastungsstärke nach Lust und Laune und fühlen sich keinesfalls als Sportler „zweiter Klasse“.

NORDIC WALKING MIT KÖPFCHEN: DIE BESTEN STRATEGIEN GEGEN LANGEWEILE UND FAULHEIT

Sie haben bisher noch keine Sportart konsequent und regelmäßig betrieben und neigen dazu, Ihre Sportgeräte in einer dunklen Ecke verstauben zu lassen? Dann sollten Sie wissen, dass auch Ihre Nachbarin, die gertenschlanke „Super-Athletin" und Ihr drahtiger Arbeitskollege gelegentlich unter Unlustanfällen leiden. Ganz sicher haben all jene Mitmenschen, die den Sprung in eine sportliche Freizeit offensichtlich geschafft haben, auch einige der uralten Motivationstricks auf Lager: Vermeiden Sie Monotonie bei der Gestaltung Ihres Nordic Walking-Programms, denn immer gleiche Trainingsrunden werden Sie schnell langweilen.
Weiten Sie Ihr Wegenetz aus, wenn Sie alle Streckenvarianten in Ihrer Nähe kennen. Besitzen Sie eine Wanderkarte von Ihrer unmittelbaren Umgebung? Dann entdekken Sie neue, landschaftlich interessante Alternativen. Zur Erkundung etwas weiter entfernter Routen können Sie an einem Wochenende vielleicht auch gute Freunde mitnehmen. Begleitung macht in jedem Fall Laune und ist die beste Taktik gegen Unlustanfälle: Auch Spitzensportler verabreden sich daher ganz bewusst mit Kollegen, die spontane Rücktritte von einmal festgelegten Terminen stark erschweren

oder gänzlich vereiteln. Selbst bei weniger attraktiven Wetterbedingungen können gute Nordic Walking-Freunde unverzüglich die Sonne aufgehen lassen.

Apropos „Termine“: Fantasie und Flexibilität ist bei der Gestaltung der einzelnen Trainingseinheiten wichtig. Bei der Planung Ihrer Nordic Walking-Einheiten sollten Sie zu Wochenbeginn jedoch wie ein Buchhalter agieren und geeignete Termine in Ihrem Kalender notieren. Dort steht es jetzt Schwarz auf Weiß – und Nordic Walking ist nun ein fester Bestandteil Ihrer Woche. Denken Sie daran, dass Ihre Fitness sich nur durch regelmäßiges Training verbessert und Ihre Fortschritte Sie zusätzlich motivieren werden. Wenn sich Ihr Körper durch regelmäßige Trainingseinheiten an Nordic Walking gewöhnt hat, wird Ihnen der Bewegungsablauf nicht mehr schwer fallen und Ihre Ausflüge im flotten Gehschritt doppelt Spaß machen. Nun können Sie Ihren Sport auch in vollen Zügen genießen und auch Ihre Umgebung viel intensiver wahrnehmen.

Zu guter Letzt noch ein wichtiger Hinweis: Walken Sie regelmäßig während Ihrer „Schokoladenzeiten“! Lassen Sie sich bei der Auswahl der geeigneten Stunden für Ihr Training von Ihren Erfahrungen leiten. Wenn Ihr „Motor“ morgens nur schwer in Betrieb kommt, sollten Sie Ihn nicht zum Frühsport zwingen, auch wenn ein kleines

Training vor Arbeitsbeginn noch so gut in den Tagesplan passt. Laufen Sie erst gegen Nachmittag oder am Abend zu Hochform auf, walken Sie nach Abschluss Ihrer Arbeitszeit mit einem wachen „Betriebssystem“ am besten. Mit einem leistungsbereiten Organismus können Sie Ihr Training mit einem Höchstmaß an Spaß und Effektivität absolvieren. Für „Frühaufsteher“ gilt: Raus aus den Federn und beschwingt in den jungen Tag walken! Übrigens: Mit einer kleinen Nordic Walking-Einheit zum Wachwerden können sich auch „Morgenmuffel“ anfreunden.

DREIERLEI EINWÄNDE UND IHRE ENTKRÄFTUNGEN

„Keine Zeit für gar nichts": Wenn Sie überhaupt keine Freizeit haben, machen Sie irgend etwas falsch! Suchen Sie in Ihrem Kalender nach Lücken und hinterfragen Sie vermeintlich „wichtige" Termine und Verabredungen. Wie viele Stunden verbringen Sie in geschlossenen Räumen und wann „schnuppern" Sie frische Luft? „Schaufeln" Sie sich Freiräume: Schon eine halbe Stunde Nordic Walking wird Ihnen neue Kraft und Fröhlichkeit für Ihren Arbeitsalltag schenken. Mit Sport verschwenden Sie keine Zeit, sondern legen Kraftreserven für stressige Stunden an.

„Allein macht Sport keinen Spaß": Einsamkeit trübt das Walkerglück: Schließen Sie sich der Nordic Walking-Gruppe Ihres örtlichen Sportvereins oder der Volkshochschule an oder motivieren Sie Freunde zum gemeinsamen Training. Vielleicht lernen Sie „Mitwalker" aber auch auf Ihrer Walkingrunde kennen und verabreden sich zum nächsten Training miteinander. Wenn dennoch keine Begleitung in Sicht ist, hilft Ihre Lieblingsmusik aus dem Walkman. Schweigen ist Gold: Nach einem unruhigen und vor allem lauten Arbeitstag kann Ruhe beim „Solo-Walk" äußerst wohltuend sein.

„Am liebsten mit Tarnkappe unterwegs": Als Nordic Walking-Anfänger fühlen Sie sich

unwohl und im Blickpunkt aller Passanten? Gehen Sie die ersten Schritte locker, ohne selbst erzeugten Druck und Erwartungen. Wenn Sie Ihre Bedenken über Bord werfen und entspannt beginnen, werden Sie positiv überrascht: Aller Anfang kostet etwas Überwindung, doch bald schon werden Sie ganz selbstverständlich im Nordic Walking-Schritt unterwegs sein. Wohnen Sie in einer größeren Stadt, werden Sie als Anfänger sowieso nicht auffallen. Draußen wimmelt es nur so von Spaziergängern, Walkern und Joggern unterschiedlicher Leibesfülle und jeglichen Alters. Sie walken in allen nur erdenklichen Laufstilen und Geschwindigkeiten.

DER FLUCHT-KAMPF-IMPULS

Zwicken Sie mit Daumen und Zeigefinger einmal in Ihre Kaumuskulatur: Ist sie locker oder verhärtet? Angespannte Muskeln verraten, dass Sie unter Stress stehen. Ihr Nervensystem hat auf psychische oder körperliche Überbeanspruchung mit dem Einschalten des uralten Verteidigungsmechanismus reagiert und Ihren Körper flucht- und kampfbereit gemacht. Wie das aussieht, können wir eindrucksvoll bei Vierbeinern beobachten: Hunde, die Stress ausgesetzt sind oder sich in einer beängstigenden Situation befinden, fletschen die Zähne, sträuben die Nackenhaare und ziehen den Schwanz ein.

Sie haben gar keinen Stress mehr? Das mag stimmen, doch offensichtlich weiß Ihr Nervensystem noch nichts davon, und Sie stecken quasi im Verteidigungsmechanismus fest! Der kann nämlich erst gelöst werden, wenn Kampf oder Flucht erfolgt sind. Nur dann bewirkt der Anstieg des Stresshormons Adrenalin, dass sich das gesamte Nervensystem wieder neu organisiert und auf „Entwarnung“ umschwenkt. Erinnern Sie sich daran, dass Sie bei Wut oder Frust oft unbewusst körperliche Extremleistungen erbringen? Wer nach Ärger in der Firma oder Familienzwist das ganze Haus putzt, wie ein Wahnsinniger Holz hackt oder gegen die Wand tritt, tut genau das Richtige, um Stress abzubauen. Natürlich könnte er auch weglaufen oder sich Stöcke schnappen und walkend das Weite suchen, denn Bewegung ist die älteste und wirkungsvollste Anti-Stress-Methode der Welt.

info

WARUM SIE SICH FÜR NORDIC WALKING ENTSCHEIDEN SOLLTEN

- Nordic Walking schont Gelenke, Bänder und Sehnen und beugt damit Verletzungen vor
- Nordic Walking stärkt Herz und Kreislauf
- Nordic Walking stabilisiert und reduziert das Körpergewicht
- Nordic Walking löst muskuläre Verspannungen durch einseitige Belastung und Stress
- Nordic Walking kräftigt die Muskulatur des gesamten Körpers
- Nordic Walking stärkt die Venen und beugt Krampfadern und Besenreisern vor
- Nordic Walking optimiert das Immunsystem. Der Körper entwickelt Abwehrkräfte gegen Krankheitserreger
- Nordic Walking macht belastbarer, gelassener und ausdauernder im Alltag
- Nordic Walking hilft dabei, Stress und Aggressionen abzubauen
- Nordic Walking macht gute Laune
- Nordic Walking verlangsamt den natürlichen Alterungsprozess

Außerdem ist Nordic Walking eine kommunikative Sportart. Sie können mit Freunden und Kollegen walken und sich dabei unerhalten. Oder ganz alleine auf Entdeckungsreise durch die Natur gehen und die Jahreszeiten intensiv erleben.
Mit Nordic Walking halten Sie länger durch: Gehen ist weniger anstrengend als Laufen. Auch wenn Sie zu gelegentlicher Sportunlust neigen: Zwei Stöcke warten auf Sie und die Zeit vergeht schneller als beim Lauftraining .

GEHIRN
wird besser durchblutet und damit leistungsfähiger – Konzentrationsfähigkeit und Stimmung steigen

LUNGE
arbeitet kräftiger, das Atemvolumen nimmt zu, es reichert sich mehr Sauerstoff im Blut an

IMMUNSYSTEM
wird angeregt, die körpereigene Abwehr verbessert sich – das schützt vor Infektionen und Krebs

KNOCHEN UND GELENKE
– an den beanspruchten Stellen im Skelett verbessert sich der Stoffwechsel

HERZ UND GEFÄSSE
das Herz wird leistungsfähiger und lernt ökonomischer zu arbeiten, Blutdruck, der Cholesterinspiegel und das Infarktrisiko sinken. Das Gefäßsystem bildet mehr Kapillaren, die Blutmenge nimmt zu

MUSKELN
– die Fasern nehmen an Umfang zu, es wird mehr Zucker verbrannt, der sonst als Fett eingelagert wird, Fettreserven werden vermindert

„FRÜHER ODER SPÄTER KRIEGEN WIR EUCH ALLE!“

Für den ehemaligen Weltklasse-Geher Hartwig Gauder ist Nordic Walking die beste finnische Erfindung nach der Sauna:

„Als Sommertraining für den Skilanglauf rannten wir mit den Stäben bergauf oder querfeldein“, erinnert sich Hartwig Gauder an „nordisches“ Gehen in den 70er Jahren. Auch wenn er seit einigen Jahren die Walkingbewegung des DLV durch Öffentlichkeitsarbeit unterstützt, bezeichnet er sich als „Multisportler“, denn er zählt auch Schwimmen, Rad fahren, Klettern, Tennis und Bergsteigen zu seinen Favoriten. „Vielfalt zum Wohle des Körpers“ ist sein Motto, die Wahl zu haben ein Genuss. Dennoch eignen sich – das betont der vielseitige Thüringer – die Disziplinen Walking und Nordic Walking in besonderem Maße für Sport(wieder)einsteiger und alle, die „möglichst unkompliziert etwas für ihre Gesundheit tun wollen“.

„Früher oder später kriegen wir Euch alle“, wagt Gauder zu prophezeien, wenn ihn ambitionierte Läufer nach den Vorteilen von Nordic Walking fragen. „Ich will keinem, der mit dem Laufen problemlos klarkommt, den Umstieg auf diese Sportart nahe legen“, sagt er. Doch neigten allzu viele „reine“ Läufer dazu, die Muskulatur ober-

halb des Bauchnabels zu vernachlässigen. Auch hartnäckige Zweifler aus dem Läuferlager hat er mit einer zweistündigen Nordic Walking-Einheit schon davon überzeugt, dass dieser Sport Wirkung zeigt: „Die haben sich am nächsten Tag vor Muskelkater gekugelt, denn Gesäßmuskulatur und Arme werden durch die Stockarbeit ganz schön gefordert." Der Experte rät Läufern, Nordic Walking als Alternative zum klassischen „Auslaufen" nach dem Training zu nutzen. 20-30 Minuten „Ausgehen" mit den Carbonstöcken beuge einer Verkürzung der Muskulatur vor und dehne insbesondere die Waden. Hartwig Gauder ist ein multiaktiver Mensch – seine Interessen und Aktivitäten sind so zahlreich, dass sie den Zeitrahmen eines Standardinterviews sprengen und Journalisten ratlos mit einer Unmenge von interessanten Details zurücklassen: Der 50-Jährige ehemalige Weltkasse-Geher blickt nicht nur neugierig in die Welt, sondern engagiert sich mittlerweile selbst in Japan für ein sportliches und friedliches Miteinander.

„Aktiv und intensiv" sei sein Leben schon immer gewesen, erklärt Gauder, das habe sich auch nach seiner 1997 erfolgten Herztransplantation nicht geändert. Eine Infektion des Herzmuskels, die er sich noch während seines Architekturstudiums zuzog, hatte ihn damals radikal ausgebremst. Zehn Monate „überlebt" er mit einem Kunstherzen, dann findet sich überraschend ein passendes Spenderorgan.

Hartwig Gauder

wurde am 10. November 1954 in Vaihingen geboren. 1960 zog die Familie nach Thüringen. Nach ersten Erfahrungen als Skiläufer und Skispringer begeistert er sich als 14-Jähriger für das Gehen. Er wird zu einem der weltweit erfolgreichsten Athleten über die 50-km-Strecke und krönt seine Karriere 1980 mit einem Olympiasieg in Moskau (Olympischer Rekord: 3:49:24 Std.).
In Seoul gewinnt er 1988 die Bronzemedaille, wird jeweils Dritter bei der EM in Split (1990) und der WM in Tokio (1991). Gauder arbeitet als Architekt im Thüringer Ministerium für Soziales, Familie und Gesundheit und lebt mit seiner Frau und seinem Sohn Marcus in Erfurt.

Glück und Dankbarkeit empfindet der Erfurter über sein „zweites Leben". Stress kennt er trotz vielfältigem beruflichem und freiwilligem Engagement nicht. Freude an der Bewegung und am Leben sind seine Triebfedern: „Es ist für mich nicht selbstverständlich, mein Herz schlagen zu hören, durch den Wald zu laufen, die kühle Luft zu atmen, Freunde zu haben."
Als Generalsekretär arbeitet er heute für den Verein ‚Sportler für Organspende', mit Medizinern, Physikern und Technikern erforscht er im Projekt „F4Cell" die Optimalbedingungen für gesunde menschliche Zellen. Sein ausgeprägter Sinn für Humor wird auch im Aufspüren von Gemeinsamkeiten deutlich: Hier schwingt die Zelle mit der ihr eigenen Frequenz, dort pendeln Stöcke „an Sportlern" durch den Wald.

„Nordic Walking ist die beste finnische Erfindung nach der Sauna." Das vermittelt Hartwig Gauder nun auch den Japanern. In das Land der aufgehenden Sonne führen ihn Vortragsreisen gleich mehrmals jährlich. „Powerwalking" nennt sich die Sportart dort, und Gauder wirbt für herzfrequenzorientiertes Training schwerpunktmäßig in Schulen. Dort lernen Kinder, wie sie ihre Eltern auf Trab bringen können. Die Folgen sind noch nicht abzusehen...

STÖCKE MACHEN GESCHICHTE

Wer schon einmal in einer Gemäldegalerie mit Werken alter Meister war und sich die Darstellungen von christlichen Pilgern angesehen hat, weiß, dass Fußgänger und Langstrecken-Wanderer bereits im Mittelalter Stöcke benutzt haben. Damit kamen sie besonders auf unbefestigten Wegen schneller und sicherer voran, konnten dabei aber auch Kraft sparen. Stöcke gehören auch zum traditionellen sportlichen Equipment der Bergsteiger und haben unzählige Kletterer auf abenteuerlichen Expeditionen in luftige Höhen begleitet. Applaus für einen treuen Freund, auf dessen Einsatz immer Verlass ist!

Bis sich aus hölzernen Wanderstäben Spezialgeräte für bestimmte Einsatzbereiche entwickelten, dauerte es eine ganze Weile. In den fünfziger Jahren integrierten finnische Wintersportler aus den Bereichen Langlauf, Biathlon und der nordischen Kombination den Skigang in ihr Sommertraining. Sie stellten jedoch schnell fest, dass normale Stöcke nicht besonders gut für schneefreies Gelände geeignet waren und die Gelenke erheblich belasteten. Versuche, den Skigang als eigene Disziplin zu betreiben, waren damit zunächst einmal gescheitert.

In den 90er Jahren stellte ein finnischer Stockhersteller einen Prototyp vor, der alle gewünschten Eigenschaften hatte und ein Training ohne Schnee ermöglichte. Die Sportart Nordic Walking war geboren, begeisterte zunächst die Skandinavier und startete dann einen Siegeszug durch Deutschland, die USA und Japan. In Finnland ist „Sauvakävely" schon lange eine der beliebtesten Ganzjahressportarten und dabei, dem Joggen den Rang abzulaufen.

„USE IT OR LOOSE IT"

Die Amerikaner haben es auf den Punkt gebracht: „Use it or loose it" – gebrauche deinen Körper, sonst verlierst du ihn. Das bedeutet: Entweder wir bewegen unseren Körper oder seine Probleme werden uns bewegen.

Während der Entwicklung zum Zweibeiner entstand Muskulatur da, wo sie benötigt wurde. Gehen und Laufen waren ein wesentlicher, lebensnotwendiger Bestandteil des menschlichen Alltags. Unser modernes Leben ist arm an Bewegung und die Muskulatur droht zu verkümmern. Da körperliche Aktivität jedoch der natürlichste Impuls des Menschen geblieben ist, muss ein Rückschritt vollzogen werden – mehr Bewegung ist der Schlüssel zu größerem Wohlbefinden und Gesundheit.

info

REEBOK

NORDIC
3 WALKING…

Stöcke gehören zu den ältesten und vielseitigsten Sportgeräten der Welt. Greifen Sie zu und nutzen Sie die Unterstützung der modernen Carbonstäbe für Ihre Gesundheit! Schritt für Schritt stärken Sie Herz- und Kreislauf, kräftigen den gesamten Körper und entlasten dabei Ihre Gelenke. Die richtige Technik lernen Sie blitzschnell.

…GANZ NATÜRLICH UNTERWEGS!

NORDIC WALKING – GANZ NATÜRLICH UNTERWEGS

WER WALKT DENN DA? – MONIKA HOFFMANN KENNT DEN GROSSEN FREUNDESKREIS DER NORDIC WALKER

Nordic Walking ist die optimale Sportart für Sporteinsteiger oder Wiedereinsteiger Denken Sie schon lange darüber nach, dass Ihnen etwas mehr Bewegung gut tun würde? Dann ist Nordic Walking die richtige Sportart für Sie. Mit einem Minimum an Einsatz können Sie viel bewegen: Sie stärken geschwächte und verkürzte Muskulatur und schnuppern frische Luft. Geruhsam oder mit viel Power, allein oder in einer Gruppe – Sie haben die Wahl!

Haben Sie Gelenkprobleme?
Dann ist Nordic Walking ideal. Sie belasten die Gelenke sanft und stärken die Muskulatur, so dass die Knorpelmasse besser ernährt wird und Ihre Gelenke durch die Kräftigung der Muskeln auch mehr Halt bekommen.

Schmerzt Ihr Rücken?
Durch die Ganzkörperbewegung werden Ihre Muskeln besser durchblutet und Verspannungen lösen sich oft wie von selbst. Auch die aufrechte Körperhaltung hilft Ihnen dabei, sich von Rückenschmerzen zu befreien.

MONIKA HOFFMANN,

– Jahrgang 1956, ist Sportlehrerin sowie Lauf- und Walking-Lehrtrainerin der Westfälischen Laufakademie und dort auch Beraterin für Nordic Walking als Freizeit- und Breitensport. Zu ihren zahlreichen Aktivitäten gehört auch die Organisation von Nordic Walking Veranstaltungen in Nordrhein-Westfalen. In Bad Meinberg leitet sie zahlreiche Nordic Walking Kurse und hat als Instruktorin Hunderte von Nordic Walkern erfolgreich ausgebildet.

Wollen Sie lästige Pfunde loswerden?
Haben Ihre Ernährung schon unter die Lupe genommen und umgestellt? Nun fehlt noch Bewegung? Dann sind Sie in einer Nordic Walking-Gruppe gut aufgehoben.
Mit regelmäßigem Training im Gesundheitsbereich können Sie Ihre Fettreserven langsam und dauerhaft abbauen.

Sie wollen auch im Alter fit bleiben?
Dann gibt es kaum eine bessere Sportart für Sie als Nordic Walking. In meinen Gruppen habe ich sehr viele ältere Menschen, die das Gemeinschaftserlebnis genießen und schnell feststellen, dass sie „noch ganz gut drauf“ sind. Die Stöcke geben Ihnen zusätzliche Sicherheit. Dass sich die Sportgeräte auch als „Waffe“ eignen, konnten wir unlängst feststellen: Auf unserer Strecke durch den Kurpark mussten wir sehr nah an einem kampflustigen Schwan vorbeigehen. Wir haben ihm unsere Stöcke entgegengehalten und uns so gegenseitig geschützt. Ohne die beeindruckenden Stäbe hätten wir sicher die schlechteren Karten gehabt.

Ihr Arzt hat Ihnen eine Ausdauersportart empfohlen?
Auch Menschen mit Herz-Kreislaufschwäche kann ich Nordic Walking nur empfehlen.

Ihr Herz- Kreislaufsystem passt sich der neuen „Belastung“ sehr schnell an und Ihre „Pumpe“ wird langsam leistungsfähiger. Zur besseren Kontrolle sollten Sie sich ein Herzfrequenz-Messgerät zulegen.

Sie sind aktiver Sportler oder Leistungssportler?
Sie suchen einen Ausgleich zu Ihrem Lieblingssport? Dann an die Stöcke und los!

Fühlen Sie sich gestresst?
Möchten Sie aktiv entspannen? Wenn ich mit meinen Stöcken ganz alleine eine schöne Tour unternommen habe, ging es mir richtig gut. Danach bin ich entspannt und fit in den Alltag gestartet.

Sie haben Freude an jeglicher Form von Bewegung?
Nordic Walking schenkt Ihnen ein positives Bewegungserlebnis: Es ist für jeden Menschen geeignet, der sich mit viel oder wenig Power, auf langen oder kurzen Strecken, effektiv und mit Genuss bewegen möchte.

...SO LEGEN SIE RICHTIG LOS! SCHRITT FÜR SCHRITT ZUM NORDIC WALKING

Nehmen Sie sich Zeit zum Erlernen der richtigen Technik. Wenn Sie den Bewegungsablauf fehlerfrei durchführen, werden Sie nicht nur mehr Spaß an Nordic Walking haben, sondern profitieren auch von allen Vorteilen, die dieser Sport zu bieten hat. Mit einer unsauberen oder falschen Technik werden Sie nicht nur schnell die Lust verlieren, sondern schädigen unter Umständen auch Ihre Muskeln und Gelenke. Das wäre jammerschade, denn Nordic Walking ist runder und gesunder sportlicher Genuss zum Wohle des gesamten Körpers!

KLEINES ABC DER NORDIC WALKING-TECHNIK

Nordic Walking ist eine der natürlichsten Sportarten der Welt. Wer diesen Satz verinnerlicht, erlernt die Technik spielend. Üben Sie die Bewegungsabläufe am besten in einem Kurs. Hier lernen Sie, wie die Stöcke effektiv eingesetzt werden.
Nordic Walking nutzt den natürlichen diagonalen Bewegungsablauf beim zügigen Gehen. Der zusätzliche Einsatz der Stöcke bewirkt eine Kräftigung der Armmuskulatur.

Die Koordination der Arm- und Beinbewegung muss stimmen. Der linke Arm und das rechte Bein bewegen sich parallel nach vorne. Der richtige Stockeinsatz gibt der Bewegung nochmals Schub und die nötige Intensität. Die Stöcke setzen dabei dicht neben dem Körper auf. Sie sollten so weit wie möglich nach hinten durchgeschoben werden. Öffnen Sie die Hand zur Entlastung des Armes weit hinter der Hüfte, schwingen Sie den Stock dann dicht neben dem Körper und schließen Sie die Hand wieder. Je intensiver der Armschwung ausgeführt wird, um so dynamischer wird der Schritt. Die Körperposition ist immer aufrecht.

info

NORDIC WALKING ENTLASTET SIE SPÜRBAR!

Wer mit korrekter Technik walkt, entlastet seine Beingelenke durch den Einsatz der Stöcke um rund ein Viertel. Diese deutliche Schonung lässt sich auf einem speziellen Laufband tatsächlich messen.
Sie selbst bestimmen das Maß: Setzen Sie die Stöcke kräftig ein, entlasten Sie Ihre Beine stärker, ein schwächerer Einsatz der Stöcke entlastet sie geringer.

DIE ERSTEN SCHRITTE

PHASE EINS

Bei lockerer Griffhaltung werden die Stöcke hinten gehalten. Gehen Sie vorwärts und lassen Sie die Stöcke dabei schleifen. Jeder Schritt beginnt mit dem Aufsetzen der Ferse. Diesen ersten Schritt sollten Sie in Erinnerung behalten. Falls Sie doch einmal in den Passgang „rutschen", neutralisiert das Schleifenlassen der Stöcke den Schritt sehr gut.

PHASE ZWEI

Aus dem Schleifenlassen der Stöcke heraus die Arme – genau wie beim zügigen Gehen – mitschwingen. Der Griff wird bewusst locker festgehalten.
Stellen Sie sich vor, dass Sie in jeder Hand eine Einkaufstasche halten und diese beim zügigen Gehen mitschwingen. Die richtige Höhe der Arme – sie liegt nicht über dem Bauchnabelniveau – erspüren Sie leicht. Geben Sie einem kleinen Kind gedanklich die Hand.

PHASE DREI

Nun steht der Krafteinsatz im Mittelpunkt. Beide Stöcke werden locker festgehalten. Um ein Gefühl für das Einstechen zu bekommen, üben Sie mit beiden Stöcken gleichzeitig. Stoßen Sie sich kräftig mit beiden Stöcken ab, Sie können die Vorwärtsbewegung auch mit nur einem Stock üben und dabei rechte und linke Hand wechseln. Das Abstoßen wird dann in den Diagonalschritt integriert. Kommen Sie aus dem Tritt („Kamelgang"), beginnen Sie einfach von vorne: Denken Sie immer daran, dass Sie sich nur ganz natürlich bewegen müssen und dann nur noch die Stöcke zum Einsatz kommen. Gehen Sie locker voran und denken Sie nicht zuviel nach!

PHASE VIER

Jetzt üben Sie das Loslassen des Stocks: Nach dem Einstechen und Abstoßen „werfen" Sie ihn nach hinten weg. Stellen Sie sich dabei vor, wie es sich anfühlt, einen kleinen Ball hinter sich zu werfen.

Haben Sie die einzelnen Phasen nachvollzogen? Gehen Sie jetzt eine kleine Strecke, um das Erlernte umzusetzen.

1 **Beginn der Bewegung**
Das linke Bein ist belastet, das rechte Bein setzt an zum Schritt nach vorne, der Arm beginnt mit dem Armschwung.

2 **Kräftiger Stockeinsatz**
Beugen Sie die Knie leicht, setzen Sie die Ferse nach vorne. Das linke Bein ist zum kräftigen Abstoß hinten fast gestreckt. Der rechte Arm wird mit geöffneter Hand nach hinten gestreckt. Der linke Arm ist vorne, die Hand in Bauchnabelhöhe. Sie führt mit dem Stock eine Druckbewegung in den Boden aus.

3 **Beenden des Schrittes**
Mit Aufsetzen des rechten vorderen Fußes ist die Schritteinheit abgeschlossen. Die rechte Hand fasst den Stock wieder, die linke Hand lässt Druck nach.

technik

4 **Erneuter Schrittansatz**

5 **Der nächste Schritt**

Das linke vordere Bein setzt den Fuß an der Ferse mit leicht gebeugtem Knie auf, das rechte hintere Bein ist zum kräftigen Abstoß fast gestreckt. Der rechte Arm ist vorne, die Hand in Bauchnabelhöhe. Sie führt mit dem Stock eine Druckbewegung in den Boden aus. Der linke Arm geht mit geöffneter Hand nach hinten in die Streckung.

6 **Der ausgeführte Schritt**

7 **Beenden des Schrittes**
Schritt und Armschwung werden wieder gewechselt

8 **Ein neuer Schritt beginnt...**

Griffhaltung
Mit lockerer Griffhaltung Stock mit Druck einstechen

Lösen der Hand vom Stockgriff

technik

FEHLER UND KORREKTUREN

Fehler: Pass- oder Kamelgang
Rechter Arm und rechtes Bein bewegen sich gleichzeitig vorwärts und zurück.

Richtig: Nordic Walking gleicht der natürlichen Gehbewegung, bei der die Arme unverkrampft mitschwingen. Zum Einüben eignet sich zügiges Gehen mit kräftigem Mitschwingen der Arme. Lassen Sie die Stöcke dabei einfach schleifen. Wenn Sie sich zu sehr auf Ihre Stöcke konzentrieren, „schleicht" sich schnell der unerwünschte Passgang ein.

Fehler: Der Armschwung endet an der Hüfte

Richtig: Der Armschwung kommt aus dem Schultergelenk und endet mit fast gestrecktem Arm weit hinter der Hüfte. Zum Einüben eignet sich zügiges Gehen mit kräftigem rhythmischem Armschwung, die Stöcke lassen Sie schleifen.

Fehler: Den Blick nach unten gerichtet
Wenn Sie den Kopf neigen und nach unten schauen, verspannt sich die Nackenmuskulatur leicht.

Richtig: Der Blick ist nach vorne gerichtet Die Nackenmuskulatur entspannt sich besser, gleichzeitig wird die aufrechte Körperhaltung stabilisiert.

Fehler: Gestrecktes Knie beim Aufsetzen der Ferse

Richtig: Das Knie ist beim Aufsetzen der Ferse leicht gebeugt

technik

Bergauf gehen

In bergigem Gelände wird der Oberkörper weiter nach vorne geneigt als gewöhnlich. Ein kräftiger Einsatz der Arme trägt dazu bei, an Steigungen die Schrittlänge zu erhöhen und den Stockschub günstig auszunutzen.

Bergauf ist der Schritt länger.
Der Oberkörper neigt sich leicht nach vorne. Der vordere Stock sticht neben dem vorderen Fuß ein, der hintere neben dem hinteren Fuß. Mit kräftigem Armeinsatz geht es den Berg hinauf.

Bergab gehen

Bergab wird die Schrittlänge verkürzt und der Schwerpunkt liegt tiefer. Die Knie bleiben ständig leicht gebeugt. Die Stöcke fangen einen Großteil der Belastung der Beine ab. Das Gewicht wird etwas nach hinten verlagert, der Schwerpunkt liegt dadurch tiefer.
Wichtig ist der saubere Stockeinsatz, der Stockschub ist jedoch geringer als in ebenem Gelände.

Der Bergabschritt beginnt…

...der Schwerpunkt liegt weiter hinten. Die Beine sind gebeugt, der Schwerpunkt liegt auf dem hinteren Bein. Der Stock wird kräftig neben dem hinteren Fuß eingestochen...

...der Fuß setzt mit der Ferse auf...

...es folgt der kürzere Schritt mit gebeugten Knien...

...der neue Schritt beginnt...

NORDIC JOGGING – DAS NONPLUSULTRA FÜR UNERSÄTTLICHE

Sie haben eine gute Kondition, sind technisch versiert und möchten jetzt richtig Gas geben? Dann ersetzen Sie den Walkingschritt durch einen Joggingschritt. Die Stöcke sind auch bei einem kräftigeren, respektive schwungvolleren Armeinsatz hilfreich. Anders als beim Gehen – hier hat ein Fuß immer Bodenkontakt – kommt nun eine Flugphase hinzu: Nordic Jogging bietet ein Maximum an Intensität und Bewegungsumfang.

Wer die Intensität steigern möchte, führt Nordic Jogging in unterschiedlichem Tempo aus z.B. als Fahrtspiel oder Intervalltraining (siehe Bildreihe 1).
Eine andere Möglichkeit ist der raumgreifende Schritt, in dem die Flugphase höher und weiter ist (siehe Bildreihe 2).

1 Die Flugphase des Laufens wird durch den Einsatz der Stöcke gut unterstützt.

2 Mit Hilfe der Stöcke kann aus dem Nordic Jogging der Schritt leicht zum „Nordic Jumping“ verlängert werden.

PERFEKTES TEAMWORK – SO „GEHT" ALLES ZUSAMMEN

Perfekte Koordination von „Denkorgan" und Gliedmaßen ist das Geheimnis aller sportlichen Disziplinen. Beim Nordic Walking gilt es, die Arme mit den Stöcken ganz natürlich schwingen zu lassen und zusätzlich eine Abstoß- und Druckbewegung durchzuführen. Koordinationsübungen helfen Ihnen dabei, alles „auf die Reihe" zu bekommen. Wir grübeln zu viel! Oftmals hindert uns nur unser kopfgesteuertes Bewegungsverhalten an einer lockeren Kombination der einzelnen Komponenten. Verkrampfen Sie nicht – Nordic Walking die natürlichste Bewegung der Welt!

info

ABWECHSLUNG IST DIE BESTE KOORDINATIONSÜBUNG!

Tipp: Walken Sie auch einmal im Sand oder auf einer Wiese mit hochgewachsenem Gras. Unterschiedliches Laufterrain regt unser Nervensystem zur Aktivierung der Muskeln an. In unwegsamem Gelände können Sie auch das Einstechen des Stocks intensiv trainieren – und erwerben einen sicheren Schritt.

Wann sind Koordinationsübungen sinnvoll? Sehr effektiv haben sie sich als Teil der Erwärmung erwiesen – hier wird der Körper mit seiner Muskulatur auf die beginnende Bewegung vorbereitet. Und so funktioniert es:

Mit Koordinationsübungen schulen Sie die Nervenbahnen und neuronalen Verbindungen vom Gehirn zum Bewegungsapparat. Wenn Sie eine Bewegung schon mehrfach eingeübt haben, werden die Informationen der „Zentrale" – z.B. „Bein oder Arm anheben!" – schneller an den Empfangsort" – z.B. Arm oder Bein – weiter geleitet. Werden die Verbindungen häufig aktiviert, verringert sich auch das Verletzungsrisiko.

Eine bessere Koordinationsfähigkeit wirkt sich unmittelbar auf ihren Nordic Walking-Stil aus. Ihr Schritt ist dynamischer und Sie reagieren flexibler auf „Hindernisse" jeglicher Art. So kommen Sie auch in unebenem Gelände nicht aus dem Tritt und können Nordic Walking im Gleichgewicht genießen.

KLEINE KOORDINATIONSSCHULE

Das Bein und der Arm werden im Wechsel diagonal angehoben.

Jetzt das Bein und den Arm jeweils im Wechsel parallel anheben.

Die Stöcke geben Ihnen vor dem Körper Halt. Im Wechsel heben Sie die linke Ferse und die rechte Spitze an.

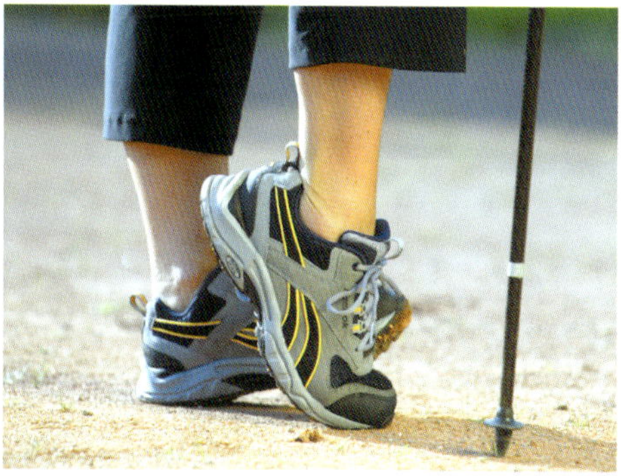

Heben Sie nun die rechte Ferse und linke Spitze an.

technik

Im leichten Grätschstand halten Sie die Stöcke locker in den Händen. Der linke Arm ist zur Seite gestreckt, der rechte nach vorne...

...dann winkeln Sie die Arme vor dem Körper an...

...strecken Sie dann den rechten Arm rechts zur Seite und den linken nach vorne .

Hopser- oder Sprunglauf mit Unterstützung der Stöcke

Um nochmals Intensität in das Training einzubauen, können die Sprung- oder Hopserläufe aus der Koordination mit einfließen. Auch hier wieder auf den guten Einsatz der Stöcke achten, die durch ihren kräftigen Einsatz Höhe dazugeben.

Der dynamische Hopser- oder Sprunglauf mit Unterstützung der Stöcke ist nicht nur eine gute Koordinationsübung, sondern stärkt auch Ihre Kondition!

Der Stock wird mit gestrecktem Arm angehoben, der diagonale Arm stützt ihn unter Mithilfe des Stockes ab. Dabei erfolgt ein Absprung mit dem gestreckten Bein, das Schwungbein wird angewinkelt angehoben. Diese Übung ist besonders für den bewegungserfahrenen Sportler geeignet.

VON KOPF

4 BIS FUSS...

Zwei Dinge braucht der Nordic Walker: Gutes Schuhwerk und ein Paar Stöcke machen jeden Ausflug in die Natur zum Hochgenuss. Mit einem Minimum an sportlicher Ausrüstung können Sie loslegen – überall und bei jeder Wetterlage. Gratis gibt's bei jedem Training jede Menge Spaß und gute Laune.

...AUF NORDIC WALKING EINGESTELLT!

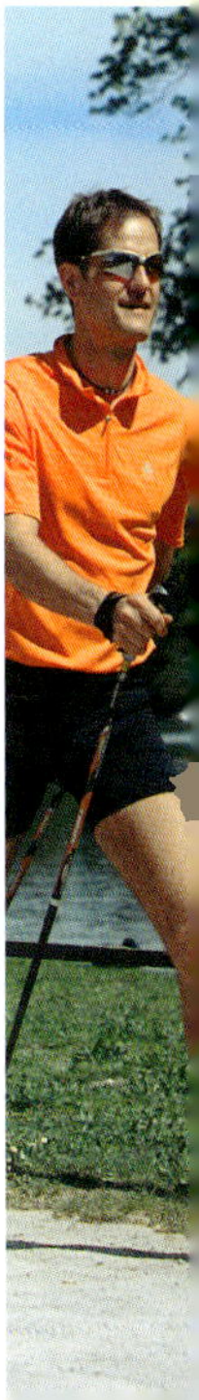

VON KOPF BIS FUSS AUF NORDIC WALKING EINGESTELLT

ALLES IM GRIFF – KLEINE AUSRÜSTUNGSKUNDE VON MONIKA HOFFMANN

„Kann ich meine Wander- oder Skistöcke zum Nordic Walking nehmen?“ ist eine häufig gestellte Frage. Ein klares Nein ist meine Antwort: Wanderstöcke sind zu schwer und übertragen durch die Teleskopgelenke und das Material zu viel Schwingung auf die Armgelenke. Skistöcke sind zu schwer und zu lang. Beide Stockvarianten geben an den Handschlaufen außerdem zu wenig Halt.
Die einfachste Antwort auf diese Frage ist jedoch, dass jede Sportart ihr spezielles „Gerät“ hat: Ein Handballer spielt nicht mit einem Fußball, ein Tennisspieler verwendet keinen Badmintonschläger. Jedes Sportgerät ist genau auf die Bedürfnisse der jeweiligen Disziplin abgestimmt.

Nordic Walking-Stöcke wurden ausschließlich für diese Sportart gefertigt. Sportler und Mediziner haben die Hersteller bei der Entwicklung beraten.

Ein idealer Nordic Walking-Stock erfüllt folgende Kriterien:

- er lässt sich bequem handhaben
- hat ein geringes Gewicht
- bietet Sicherheit und
- berücksichtigt die Ergonomie der Hand

Die Stöcke sind in einer ausgeklügelten Wicklungstechnik aus einem speziellen Carbon-Glasfasergemisch hergestellt. Neben einem geringen Eigengewicht und hoher Belastbarkeit haben sie dadurch eine lange Lebensdauer. Stöcke aus Aluminium, aber auch Teleskopstöcke besitzen ein höheres Eigengewicht und sind „unruhiger“: Ihre intensiveren Schwingungen übertragen sich auch auf Hand-, Arm-, und Schultergelenke. Je höher sein Carbonanteil, um so leichter ist der Stock und um so geringer schwingt er. Beim Kauf sollte auch auf die individuellen Bedürfnisse und eine angenehme Handhabung geachtet werden.

Alles im Griff? Damit Ihr Teamwork perfekt funktioniert und das Handgelenk gut am Stock fixiert ist , besitzen die Stöcke ein funktionelles, ergonomisch geformtes Handschlaufensystem. Es stützt die Hand an der Außenkante/Kleinfingerseite durch eine Polsterung bei jedem Abstoßen und Einstechen des Stockes. Die Schlaufe lässt sich bequem mit einem Klettverschluss lösen, die Länge kann durch einen Zug am oberen Stockende variiert und jeder Handgröße angepasst werden. Es sind auch Rasterverschlüsse erhältlich, die Handschlaufen vollständig vom Stock lösen. Der Griff zum Taschentuch oder zur Trinkflasche gestaltet sich damit wesentlich leichter.

DIE RICHTIGEN BEGLEITER FINDEN: STÖCKE UND IHRE EIGENHEITEN

Im Handel sind Stöcke in 5 cm-Abstufungen von 100-140 cm erhältlich. Zur Messung der richtigen Stocklänge bilden Ober- und Unterarm einen Winkel von 95-100 Grad.

Um ein Maß für die Stocklänge zu haben, wird die Körpergröße mit 0,66 multipliziert oder die Körpergröße minus 55 cm gerechnet. Manchmal sind die Formeln nicht ideal, weil sie nicht auf die handelsüblichen Stocklängen angewendet werden können.

Da auch unterschiedliche Körperproportionen berücksichtigt werden müssen, ist immer die Wohlfühllänge ausschlaggebend, die bei längeren oder kürzeren Oberkörpern, Armen oder Beinen unterschiedlich sein kann.

Ein guter Fachhändler sollte die körperlichen „Besonderheiten" jedes Nordic Walkers berücksichtigen.

Um die eigene Wohlfühllänge herauszufinden, ist die Teilnahme an einem Nordic Walking-Kurs hilfreich. Hier können Sie Stöcke ausprobieren und werden von gut geschulten Trainern beraten. „Nordic Walking-Einsteigern gebe ich gerne die etwas kürzeren Stöcke, Fortgeschrittene dürfen auch mal zu längeren Stöcken greifen", sagt Monika Hoffmann.

PASSEN SIE IHRE STÖCKE DEM UNTERGRUND AN

Auf Untergrund wie Stein oder Asphalt wird der Gummipad benutzt:

Auf hartem Untergrund, Straßen und Gehwegen aus Stein oder Asphalt, brauchen Sie „Gummifüße". So genannte Pads geben Ihnen nicht nur besseren Halt, sondern haben, ähnlich wie ein spezieller Walkingschuh, auch eine dämpfende Wirkung.
Die Metallspitze Ihres Nordic Walking-Stocks wird mit dem Gummipad zusätzlich geschützt. Verstauen Sie die Aufsätze auf Nordic Walking-Touren in Ihrer Hosen- oder Jackentasche und Sie können die kleinen Helfer jederzeit bequem zum Einsatz bringen. Um einen guten Halt des Gummipads zu gewährleisten, reinigen Sie die Spitze kurz von grobem Schmutz. Das geht ganz leicht auf Gras, in einer Wiese oder in einer Wasserpfütze. Vorsicht vor Gullydeckeln! Darin bleiben die Pads gerne hängen und verschwinden dann auf Nimmerwiedersehen.

Auf weichem Untergrund die Hartmetallspitze:

Auf weichem Untergrund wie Wald- oder Feldwegen muss das Stockende spitz genug sein, um guten Halt geben zu können. Auf Schotter oder Wegen mit losen Steinen sollte sie Härte beweisen, weder brechen noch sich verbiegen. Die Spitzen sind aus Hartmetall gefertigt, auswechselbar und wie die Gummipads einem gewissen Verschleiß unterworfen.

tipp

BARFUSS ODER SCHNÜR-SCHUH? TIPPS FÜR DEN SCHUHKAUF

Sie sind zu zweit und immer ganz unten. Extremitäten in höheren Etagen kommt gewöhnlich mehr Beachtung zu: Da wird gecremt, gepudert und liebevoll ausgesucht, was schützen und wärmen soll. Wer viel zu Fuß unterwegs ist, erkennt schnell, dass seine Beziehung zur Basis von fundamentaler Bedeutung ist. Werden die „besten Freunde im Erdgeschoss" vernachlässigt, rächen sie sich auf ihre Weise. Sie werden rissig, schwellen an, produzieren Blasen oder „stellen sich taub". Auf unpassendes Schuhwerk reagieren sie höchst empfindlich. Ich empfehle daher wärmstens, bei der Auswahl eines „Mäntelchens für die Basis" Sorgfalt walten zu lassen.

Passt die Hülle nicht zum Fuß, ist Frust statt Lust vorprogrammiert: „Schwimmen" Sie in Ihrem Schuh oder zwingt er Sie zu ungewohnten Bewegungen, werden Sehnen und Gelenke schnell überstrapaziert. Schon eine kleine Fehlstellung der Ferse aus der senkrechten Achse verändert die gesamte Statik des Bewegungsapparats. Ausgleichsbewegungen führen zu Schmerzen im Knie, in der Hüfte und bis hinauf zur Wirbelsäule. Ein falscher Schuh kann den Beginn einer wunderbaren Freundschaft vereiteln.

Welcher Schuh passt zu Ihnen? Als Nordic Walkerin oder Nordic Walker rollen Sie bei der Vorwärtsbewegung bewusst über die ganze Fußsohle ab. Die Ferse hat zuerst Bodenkontakt und sollte daher nicht durch einen zu hohen Schaft eingeengt werden. Laufschuhe, die eine besonders hohe Ferse haben, sind daher nicht ideal. Grundsätzlich sind gute Laufschuhe für Nordic Walking aber vollkommen ausreichend, denn Walkingschuhe müssen wie Laufschuhe dämpfen, führen und stützen. Diese Eigenschaften sollte ein Schuh insbesondere bei untrainierten Walkern aufweisen. Achten Sie bei deutlichem Übergewicht (auch hohem Körpergewicht, z.B. bei sehr großen Menschen) auf eine gute Dämpfung. Auch hier finden Sie im weitaus größeren Laufschuhsortiment geeignete Modelle. Der klassische Walkingschuh, von denen es immer mehr Exemplare in den Sportläden gibt, berücksichtigt den Bewegungsablauf beim Gehen: Er bietet den Zehen im Vorfußbereich mehr Platz, hat eine Stütze unterhalb des Fußballens und eine abgeschrägte Ferse. Werden Sie im Laufe der Zeit schneller und beherrschen die Nordic

Walking-Technik perfekt, können Sie auch auf einen leichten Marathonschuh zurückgreifen. Er ist nur schwach gedämpft, hat ein gutes Abrollverhalten und bietet hervorragenden Bodenkontakt.

Lassen Sie sich am besten von Anfang an fachkundig beraten und nicht von günstigen Preisen oder attraktivem Aussehen eines Schuhs verführen. Ein guter Händler erkundigt sich nach der Beschaffenheit Ihres Trainingsgeländes, Ihrem aktuellen Körpergewicht und Trainingszustand. Mit einer Videoanalyse, wie sie heute in jedem guten Laufshop angeboten wird, können Ihre Eigenheiten genau analysiert werden. Schuhexperten, die selbst schon lange Jahre laufen oder walken, erkennen Ihr Fußprofil mit geübtem Blick meist schon, wenn Sie die Schwelle ihres Geschäfts überschreiten.

Schuhe sollten Sie übrigens nicht unbedingt vormittags kaufen, denn Ihre Füße schwellen während des Tages an. Ein Paar frühmorgens ausgewählte Exemplare könnten daher am späten Nachmittag bereits zu klein sein. Fehlkäufe lassen sich auch vermeiden, wenn Sie Ihre alten Schuhe gleich mitbringen. Die Abnutzungsspuren der Sohle verraten viel über Ihre unverwechselbaren Bewegungen. Vergessen Sie auch Ihre orthopädischen Einlagen nicht. Schließlich soll die wichtige Stütze für Ihr Fußgewölbe auch in neuen Schuhen genügend Platz finden.

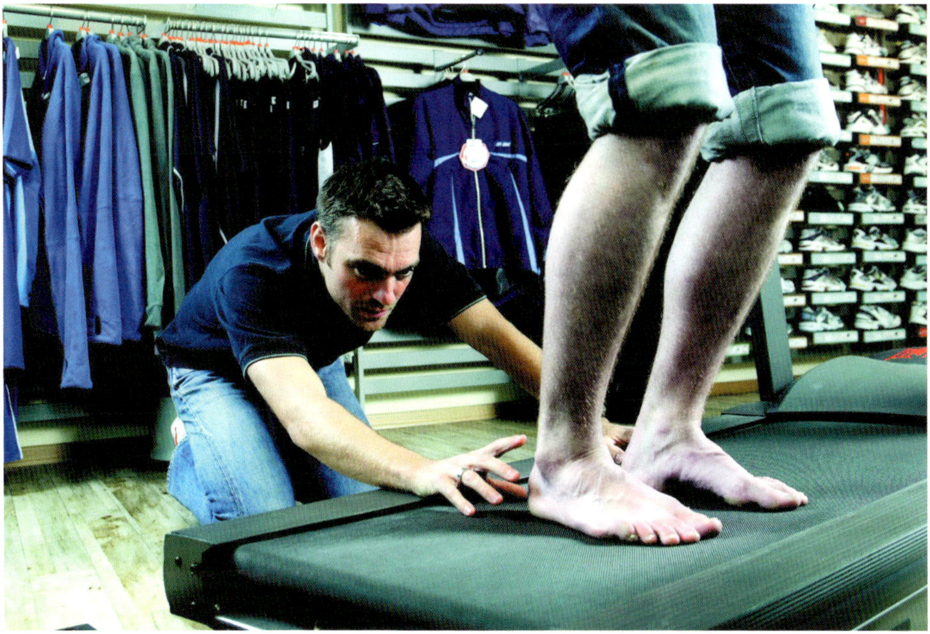

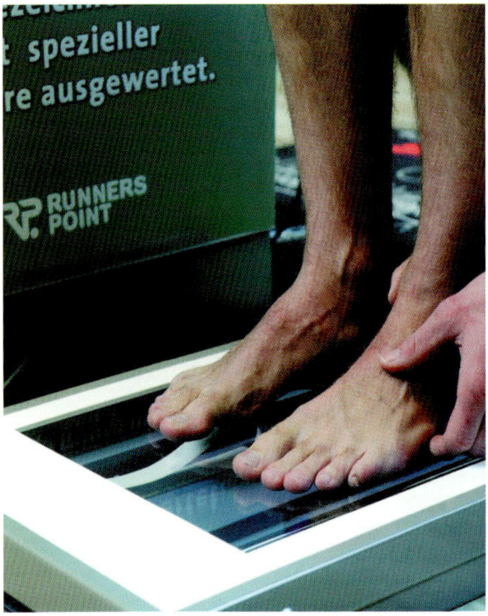

Nun möchte ich Ihnen noch ein paar Tipps geben, die Ihnen eine möglichst lange Partnerschaft mit Ihren neu erworbenen Schuhen sichern sollen. Denken Sie daran, dass deren Lebensdauer je nach Körpergewicht und Untergrund zwischen 1000–1200 Kilometer beträgt. Wer mehr als dreimal wöchentlich walkt, sollte sich ein zweites Paar zulegen. Auf jeden Fall ein unterschiedliches Modell und vielleicht auch das Produkt eines anderen Herstellers, denn jede Marke hat unterschiedliche Leisten. Ihrer Fußmuskulatur wird die Abwechslung gut tun.

Außerordentlich dankbar sind die Füße auch über besondere Zuwendung. Eine vor dem Zubettgehen aufgetragene Fußcreme (z.B. Fußbalsam von Weleda) beugt schrundiger und rissiger Haut hervorragend vor. Selbst lästige Blasen bilden sich bei gepflegten Füßen sehr viel seltener.

Noch ein Wort an alle Sauberkeitsfanatiker unter uns: Auch meine Schuhe sind nach vielen Ausflügen im Gelände tarnfarben und riechen streng. Die Waschmaschine haben Sie jedoch noch nie von innen gesehen, denn sie leiden unter der mechanischen Belastung in der Trommel. Wer das Dämpfsystem nicht vorzeitig ruinieren und dramatischen Schrumpfungen vorbeugen will, sollte selbst Hand anlegen: Lassen Sie Ihre verschmutzten Freunde in milder und sparsam dosierter Seifenlauge einweichen, lösen Sie den verbliebenen Schmutz mit einer weichen Bürste ab, und spülen Sie mit klarem Wasser nach. Zum Trocknen stopfe ich sie mit Zeitungspapier aus. Vielleicht legen Sie über Nacht noch einen Wunderbaum hinein?

AUF EINEN BLICK: INDIVIDUELLE FUSSSTELLUNGEN

NORMALPRONIERER: Gehören Sie zu dieser Spezies, so setzen Sie den äußeren Fersenteil schräg auf, knicken mit dem Fuß in der Standphase ein wenig nach innen weg, um sich dann wieder leicht nach außen abzudrücken. Normalpronierer können sich glücklich schätzen, denn ihr idealer Nordic Walking-Stil mit einer Abrollbewegung von hinten nach vorne sowie von außen nach innen, sorgt für eine ganz natürliche Dämpfung des Schritts.

ÜBERPRONATION: Überpronierer sind in bester Gesellschaft, haben sie doch zahlreiche „Leidensgenossen". Muskelverkürzungen oder – schwächen, Senk-Spreizfüße oder die berühmten Plattfüße sind die Ursachen dieser Fehlstellung, bei der die Beinachsen in der Standphase nicht ausreichend stabilisiert werden können und der Fuß stark nach innen wegknickt. Damit die Fußgelenke nicht überfordert werden, sollten Überpronierer mit einem stabilen Schuh für Ausgleich sorgen.

SUPINATION: Ihre Schuhe enttarnen sie: Supinierer, die auch als „Unterpronierer" bezeichnet werden, beanspruchen mit ihrem Noridc Walking-Stil vorwiegend den äußeren Rand der Sohle. Gründe für diese einseitige Belastung sind ein starres Fußgewölbe, Hohlfüße, muskuläre Schwächen oder angeborene Beinachsenprobleme. Ein weicher Cushion- oder auch Komfortschuh mit verstärkter Dämpfung sollte den fehlenden natürlichen „Puffer" ersetzen.

SCHUHE FÜR FRAUEN

Das Gros der Frauen ist kleiner und leichter als der Durchschnittsmann. Daher passen Schuhdesigner bei hochwertigen Modellen nicht nur die Schuhgröße weiblichen Fußproportionen an, sondern variieren auch die Sohlenhärte. Das meist breitere Becken

einer Frau fördert durch den größeren Winkel zwischen Hüfte und Knie die Tendenz zur Überpronation, der mit der Konstruktion einer „medialen Stütze" vorgebeugt wird. Der auffälligste Unterschied zwischen Frauen- und Männerfuß ist jedoch das schmälere Format von Ferse und Vorfuß. Doch auch hier gibt es große Unterschiede. Fachhändler haben zahlreiche Varianten zur Auswahl. In einigen Großstädten finden Sie auch spezielle Frauenlaufgeschäfte, denn immerhin werden 50 Prozent aller Lauf- und Walkingschuhe von Frauen gekauft.

info

GUT GEWANDET DURCH DIE JAHRESZEITEN

Es schüttet wie aus Gießkannen, stürmt oder schneit? Sie wollen jetzt ausnahmsweise mal ein Päuschen machen? Ausgeschlossen! Vorbei sind die Zeiten, in denen uns bleischwere Baumwolltrikots im Dauerregen ausbremsten, weil sie sich in Sekundenschnelle voll Wasser saugten. Dank konsequenter Erforschung der Bedürfnisse bewegter Menschen, denken sportliche Fasern heute mit. „Intelligente" Sportbekleidung schützt und atmet zugleich, schmeichelt der Haut und ist federleicht. Eine schlechte Nachricht für alle Trainingsfaulen: Es gibt keine Wetterlage, die Walker ans Sofa fesseln könnte!

tipp

KOMBINATIONSVORSCHLAG FÜR EIN FUNKTIONELLES BEKLEIDUNGSSET:

- Sportbustier
- Unterhemd
- kurzärmliges T-Shirt
- langärmliges Hemd mit Rollkragen
- langärmliger Funktionssweater oder Fleece
- leichte, atmungsaktive Windjacke

Mit funktionellen Textilien macht Training auch unter extremen Witterungsbedingungen Spaß, denn die neue Generation von Sporttextilien ist atmungsaktiv: Walker können das große Angebot an funktioneller Laufbekleidung nutzen. Das Kunstfasergewebe lässt Feuchtigkeit austreten, sorgt aber gleichzeitig in Gegenrichtung für ausreichende Frischluftzufuhr. Damit wird ein Auskühlen des Sportlers verhindert, das in früheren Zeiten durch die entstehende Verdunstungskälte vorprogrammiert war. Moderne Synthetikfasern transportieren den Schweiß sofort vom Körper weg nach außen auf die Oberfläche der Textilien, wo er sich in Form von winzigen Tröpfchen absetzt. Vom Kauf einer Sportjacke, die ausschließlich wasserdicht ist, rate ich ab, da sie der starken Wärmeentwicklung am Oberkörper nicht gewachsen ist und sich schnell in eine Sauna verwandelt. An Regentagen sind wasserabweisende und atmungsaktive Jacken die bessere Wahl.

Funktionalität kann jedoch nur unter bestimmten Bedingungen gewährleistet werden: Wer beispielsweise ein Baumwollhemd zwischen atmungsaktiven Textilschichten trägt, zerstört das ausgeklügelte System. Nordic Walker sollten daher beim Einkleiden strategisch denken und die Funktionskette nicht unterbrechen. Auch wenn der Preis für eine mehrteilige Kunstfaserkombination auf den ersten Blick hoch erscheint, lohnt sich die Investition: Das Gewebe ist langlebig, trocknet nach dem Waschen schnell und sichert uns ganzjährig ein optimales Körperklima.

BODYGUARDS FÜR WALKER: FUNKTIONELLE TEXTILIEN

FRÜHJAHR: Das Frühjahr ist eine unberechenbare Jahreszeit. Die Temperaturen können dramatisch schwanken, Wind, Sonne und Regen tauchen überraschend auf und verschwinden schnell wieder. Ärmellose Weste, Windjacke oder ein Fleece sind die ideale Ausrüstung. Ein langärmliges Laufshirt, direkt auf der Haut getragen, bildet die Basis. Fällt das Thermometer, „zwiebele" ich mir mit einem zusätzlichen funktionellen Unterhemd die nötige Wärme an den Leib.

SOMMER: Wenn die Sonne intensiv scheint, lassen leichte Textilien Luft an den Körper und schützen ihn zugleich. Atmungsaktive Trägerhemden oder T-Shirts können – je nach Geschmack und Bedarf – mit kurzen Hosen oder knielangen Tights kombiniert werden. Auf gnadenlos heiße Tage wartet in meinem Kleiderschrank auch ein Netzhemd. Schirmmütze und Sonnenbrille ergänzen die sommerliche Auswahl.

HERBST: Die Blätter fallen, Nebel zieht durch die Täler. Meine von der Sommersonne verwöhnte Haut reagiert empfindlich auf die sinkende Temperatur. An den ersten

kühlen Tagen hat der leichte Funktionssweater seinen großen Auftritt. Er transportiert Schweiß im herbstlichen Klima besser an die Peripherie als dünne Windjacken und bildet gleichzeitig ein angenehmes Wärmepolster. Nur bei starkem Wind und Böen ist er der Windjacke unterlegen. Stirnbänder sind an stürmischen Tagen nützliche Begleiter. Wenn die Ohren nach einigen Kilometern dann glühen, wickelt man sie leicht ums Handgelenk. Wer in der Dämmerung trainiert, sollte mit Reflektoren an Jacke oder Hose auf sich aufmerksam machen. Brillenträger wie ich haben besonders bei Regen Sichtprobleme. Ich schütze meine Brille vor Beschlag und Nässe, indem ich bei Schmuddelwetter immer eine Schirmmütze trage, die dann wie eine Regentraufe funktioniert.

WINTER: Kein Winter ist wie der andere. Mal ist es eisig kalt oder es schneit, oft ist es aber auch herbstlich lau und regnerisch. Ich hülle mich nach dem Zwiebelprinzip in mehrere Lagen leichter Funktionswäsche. Frostigen Temperaturen trotze ich in einem Langarmshirt mit Rollkragen über dem Unterhemd, darüber trage ich eine Windjacke. Eine Mütze, dünne Handschuhe und eine lange Laufhose (Tight) komplettieren das winterliche Ensemble. Goldene Regel: Selbst wenn Sie sehr leicht frieren, sollten Sie daran denken, dass Sie sich auf Ihrer Trainingsrunde bald warm gewalkt haben. Wer sich zu dick anzieht, wird schnell unter textilem Ballast leiden.

TIPPS FÜR ALLE EVENTUALITÄTEN

Nach der Lektüre der vorausgegangenen Seiten sind Sie bestens für Ihre Nordic Walking-Premiere vorbereitet. Damit Sie jeden Schritt ungestört genießen können, möchte ich Sie zu guter Letzt noch mit ein paar kleinen „Spaßverderbern" bekannt machen. Darf ich vorstellen: Blasen, Muskelkater, Muskelkrämpfe und Seitenstechen. Für Sie keine Gegner, vor denen Sie sich fürchten müssen, denn es gibt wirksame Verteidigungsstrategien.

Achten Sie bei der Auswahl Ihrer Sportschuhe auf eine gute Passform und ausreichenden Platz im Bereich der Zehen. Vielleicht haben Sie Ihr „Kummer-Exemplar", dem Sie unschöne Blasen verdanken, auch in den Morgenstunden gekauft? Ihre Füße schwellen im Verlauf des Tages etwas an und fordern dann mehr Platz. Kalkulieren Sie diese Tatsache beim Erwerb neuer „Treter" mit ein. Bedenken Sie jedoch auch, dass fabrikneue Schuhe erst nach einigen Tagen Gebrauch geschmeidiger werden. Tipp: Gute Laufsocken schmeicheln der Haut und tragen ihren Teil zur Vorbeugung von Druckstellen und Blasen bei. Lassen Sie sich im Fachgeschäft eingehend beraten. Und noch etwas: Durch den Einsatz der Stöcke können beim Nordic Walking auch

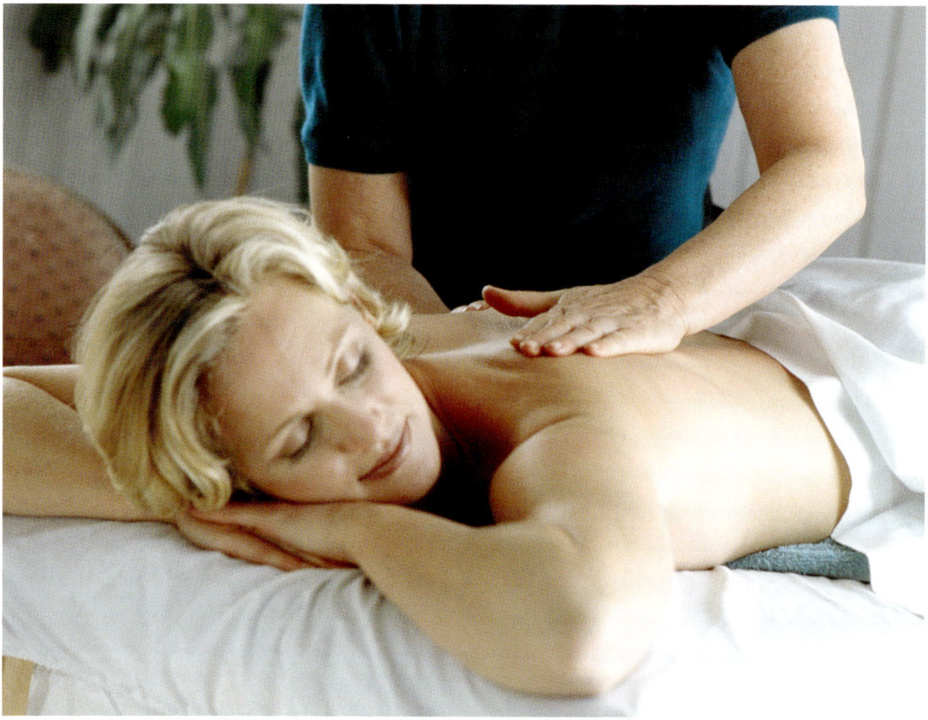

die Hände schmerzen oder wunde Stellen entstehen. Speziell für diesen Sport entwickelte Handschuhe schützen Sie vor diesen Problemen.

Sie haben sich beim ersten Training einen richtig schönen Muskelkater zugelegt? Es ziept und zupft in Beinen, Armen, Schultern und Rücken? Das passiert nicht nur Sport-Neulingen, sondern oft genug auch „gestandenen" Nordic Walkern, die Ihren Bewegungsapparat in anspruchsvollem Gelände besonders gefordert haben. Durch intensive oder ungewohnte Bewegungen sind winzige Risse im Muskelgewebe entstanden, das der Körper nun wieder „reparieren" muss. Das dauert zwei bis drei Tage, in denen Sie Geduld bewahren müssen. Sie können den Prozess der Heilung aber auch tatkräftig unterstützen: Ein entspannender Besuch im Schwimmbad, ein heißes Bad, die Sauna oder eine sanfte Massage fördern die Durchblutung der Muskulatur und den Stoffwechsel.

Muskelkrämpfen können Sie vorbeugen, wenn Sie Ihren Körper ausreichend mit Flüssigkeit versorgen. Wassermangel ist häufig die Ursache für überraschend auftretende Verkrampfungen. Machen Sie es zur festen Gewohnheit, etwa eine halbe Stunde vor dem Training ein großes Glas Wasser zu trinken. Eine optimale Wasserversorgung (siehe auch Seite 62) fördert den Stoffwechsel und sichert das ungestörte „Funktionieren" aller Vorgänge im Körper. Damit gehen Sie mit Kraft und Ausdauer einem ungestörten Freizeitvergnügen entgegen. Sollten dennoch einmal Krämpfe während des Sports auftreten, bleiben Sie stehen, dehnen und lockern Sie die Muskulatur sanft, und schenken ihr ein paar zarte Massagegriffe. Nun können Sie Ihren Ausflug locker fortsetzen und die Geschwindigkeit nach einer kleinen „Eingehphase" wieder erhöhnen. Kontrollieren Sie bitte auch, ob die Durchblutung Ihrer Beine durch Sockenbündchen oder Bandagen gestört wird.

Für Einsteiger gilt generell: Auch wenn Sie mit Nordic Walking schnell in Schwung kommen und euphorisch sind, sollten Sie die „Bewegungsdosis" nicht zu hoch wählen. Steigern Sie Belastungsdauer und –intensität lieber mit zunehmender Trainingserfahrung.

Seitenstechen ist eine geheimnisvolle Angelegenheit. Es tritt völlig überraschend auf und endet meist auch ebenso plötzlich. Die Ratschläge für erfolgreiche Gegenmaßnahmen, darunter das „Halten" und „Drücken" der betreffenden Stelle, sind zahlreich. „Falsches" Atmen wird oft als Grund des unangenehmen „Stich-Stakkatos" genannt: Vorübergehenden Luftmangel reguliert der Körper mit ansteigendem Blutdruck, Milz und Leber quittieren den Vorgang mit schmerzhafter Kontraktion. Was können Sie tun? Kurz anhalten und mehrfach kräftig ausatmen. Das bewirkt einen Ausgleich des Luftmangels und bringt den Atem wieder ins Gleichgewicht. Ein neuer Tipp kommt aus Schweden. Hier wollen zwei Professoren herausgefunden haben, dass Seitenstechen durch kurzes beidhändiges Pressen eines Steines unverzüglich verschwindet.

OHNE WASSER GEHT NICHTS

Wie viel trinken Sie an einem ganz normalen Tag? Wenn ich mich bei dieser Frage auf klares Wasser beziehe, so wie es bei Ihnen aus dem Wasserhahn fließt, werden die meisten von Ihnen eine Weile überlegen müssen. Der Anteil an reinem Wasser beim Flüssigkeitskonsum ist bei den meisten Menschen erschreckend niedrig. Mixgetränke, Fruchtsäfte oder Teezubereitungen hingegen machen den größten Anteil unseres Flüssigkeitskonsums aus. Dabei sollten gerade wir Ausdauersportler genau darauf achten, unserem Körper – der ja zu ca. 75 Prozent aus Wasser besteht – auch in ausreichender Menge reines Wasser zuzuführen. Ist die Menge zu gering, spart der Organismus es bei der Entgiftung und Entsäuerung des Körpers, bei der Verdauung, im zentralen Nervensystem oder durch Entzug von Wasser z.B. aus den Bandscheiben ein. Außerdem dickt bei Wassermangel das Blut ein, was zu einem erhöhten Schlaganfallrisiko führt. Wer also konstant zu wenig trinkt, gefährdet damit seine Gesundheit.

Auch bei Walkern wird durch das mit der körperlichen Belastung verbundene Schwitzen massiv in den Flüssigkeitshaushalt eingegriffen. Die Leistungsfähigkeit eines Sportlers nimmt rapide ab, wenn das ausgeschwitzte Wasser nicht sofort wieder ersetzt wird. Wassermangel führt zum Leistungsabfall

und kann schlimmstenfalls einen Kollaps auslösen. Durch eine verringerte Durchblutung des Organismus gelangen auch weniger Nährstoffe und Sauerstoff in Muskulatur und Zellen. Das merken Sie als Walker sehr deutlich, wenn Ihre Muskeln erlahmen oder Sie von Krämpfen geplagt werden. Für Ihren Alltag gilt: Trinken Sie, bevor Sie Durst verspüren, und trinken Sie, soviel Sie können – auf jeden Fall deutlich mehr als die allgemein empfohlenen 1,5 Liter pro Tag. Ihre individuelle Dosis wird nicht nur von Tag zu Tag schwanken, sondern auch von Ihrer speziellen Arbeits- und Trainingssituation, dem Klima Ihrer Umgebung und Ihrer Ernährung abhängen.

Wie können Sie feststellen, wie hoch Ihre Wasserdosis beispielsweise heute oder gestern war? Überlegen Sie, was Sie getrunken haben, und ziehen Sie alle Flüssigkeiten ab, die nicht aus reinem Wasser bestehen. Kaffee und Tee sind nicht als Getränke zu werten, weil sie stark entwässern. Hier gilt: Für jede Tasse Kaffee oder Tee trinken Sie eineinhalb Tassen Wasser zusätzlich, um Ihren Flüssigkeitshaushalt konstant zu halten. Ich bin mittlerweile zum Espressoliebhaber geworden. Durch seine Zubereitungsmethode enthält der „kurze" Schwarze weniger Reizstoffe und Chlorogen als beispielsweise Filterkaffee. Fühlen Sie sich oft schlapp? Versuchen Sie es auch einmal mit einem Muntermacher aus der Natur: Ein Tupfer Pfefferminzöl an den Schläfen erfrischt und belebt.

tipp

SO FINDEN SIE HERAUS, OB SIE GENUG TRINKEN

Ihren Flüssigkeitskonsum können Sie ganz einfach kontrollieren, indem Sie eine 1,5 l-Wasserflasche an Ihren Arbeitsplatz mitnehmen und in Griffnähe stellen. Wenn Sie nur aus Gläsern trinken, verlieren Sie leicht den Überblick.

Noch ein Hinweis für alle, die warme Getränke kalorienbewusst mit Süßstoffen veredeln oder „Light"-Produkte großer Getränkekonzerne konsumieren: Sie sollten wissen, dass Süßstoffe dick machen und größtenteils unangenehme Nebenwirkungen haben. Beim Süßen mit künstlichen Produkten reduziert die Leber in Erwartung von Energie in Form von „echtem" Zucker die Zuckerbildung, speichert den vorhandenen Blutzucker und füllt Depots. Der Blutzuckerspiegel sinkt, der Hunger nimmt zu. Studien haben ergeben, dass Testpersonen nach dem Genuss von Aspartam mehr aßen als die Kontrollgruppe.
Das Nachfolgeprodukt von Saccharin (enthalten in über 9000 Lebensmitteln) sollten Sie übrigens meiden, denn es zerfällt bei Temperaturen über 30 Grad – also in Ihrem Magen – in die Aminosäuren Aspartat und Phenylalanin, aber auch in das giftige Methanol, das unter anderem Kopfschmerzen, Schwindel und Krämpfe verursachen kann.

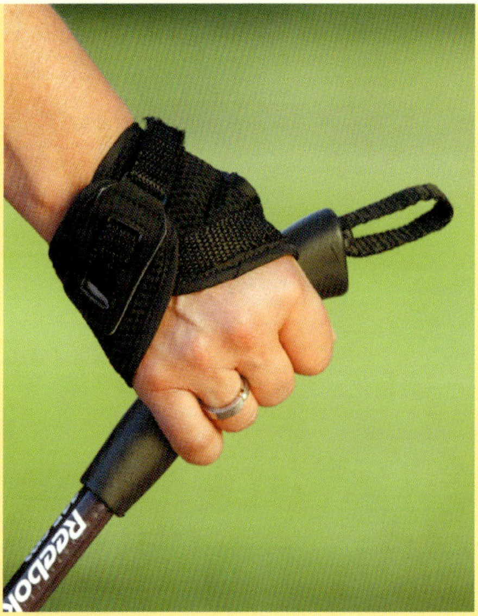

5 ZWEI STÖCKE UND SIE...

Dein Körper und Du – Ihr seid ein perfektes Team! Dauerhafte Freundschaft und viel Spaß garantiert eine reibungslose Zusammenarbeit. Hier erfahren Sie, wie erfolgreiches Training funktioniert und Sie mehr Freude an Ihrem Sport haben.

...EIN PERFEKTES NORDIC WALKING TEAM!

ZWEI STÖCKE UND SIE – EIN PERFEKTES NORDIC WALKING-TEAM

WIE FUNKTIONIERT TRAINING?

Training – machen das nicht nur Leistungssportler? Nein, auch Sie trainieren, wenn Sie nach Lust und Laune mit Stöcken walken! Auch wenn Sie keinerlei sportlichen Ehrgeiz haben und Wettkämpfe bestreiten wollen, wird sich Ihr Körper durch regelmäßiges Nordic Walking verändern. Er passt sich nach einiger Zeit den häufigen Ausflügen zu Fuß an, die Sie – ohne sich zu quälen – in flottem Tempo zurücklegen. Ob Sie nun einfach fit werden wollen, Ihr Gewicht reduzieren möchten oder nach einem sportlichen Ausgleich zum beruflichen Stress suchen – Ihr ganz persönlicher Wunsch wird sich mit einer sinnvollen Abfolge sportlicher Aktivität erfüllen. Sinnvoll ist ein Nordic Walking-Programm nur, wenn es Ihre Lebensumstände und Eigenheiten berücksichtigt und Sie nicht unter Druck setzt. Darüber hinaus lässt ein maßgeschneiderter Plan Ihrem Körper genügend Zeit zur Verarbeitung des bisher „Erlebten". „Bei dieser Sightseeing-Tour ist es mir gut ergangen", würde er sagen, wenn er sich über ein schönes und gutes Training äußern könnte. Und weil er sich wahrscheinlich auf den nächsten Aus-

flug freut, fügt er noch hinzu: „Damit wir bald über Stock und Stein fliegen können, sorge ich gleich einmal dafür, dass in der unteren Etage schnell ein paar prächtige Muskeln gebildet werden!"

VON REIZEN UND REAKTIONEN

Unser Organismus ist ein erstaunlicher Mikrokosmos, dessen Leistungsfähigkeit mich immer wieder verblüfft. Sie ist das Ergebnis einer erstaunlichen Anpassungsfähigkeit und blitzschnellen Reaktionen auf wechselnde äußere Bedingungen. Wer Sport treibt, erlebt das in besonderem Maße, denn in Training und Wettkampf stellt sich der Körper des Athleten auf verstärkte Belastungen ein. Genau darauf haben es Trainingsfachleute abgesehen und fordern seine Reaktion mit gezielten Trainingsreizen heraus. Damit er mit erhöhter Leistungsfähigkeit reagiert, muss der Schlüsselreiz eine auf den individuellen Trainingszustand des Sportlers abgestimmte Schwelle überschreiten. Nur eine mittlere Qualität hat die gewünschte Wirkung. Schwach dosierte Reize laufen ins Leere, zu große schaden.

Wer einen erfolgreichen Trainingsplan schreiben will, muss sich zunächst über das Ziel der Bemühungen im Klaren sein: Wie wollen wir trainieren und was wollen wir damit bewirken? Ein Krafttraining wird Ihre Muskeln kräftigen, während gezieltes Ausdauertraining Ihre Ausdauerfähigkeit verbessert. Darüber hinaus gilt: Ob Sie Ihr sportliches Ziel erreichen, hängt von Ihrem persönlichen Einsatz ab. Nur wer regelmäßig trainiert, wird Fortschritte machen. Ihre Leistungen werden schwächer, wenn Sie zu wenig trainieren oder zu gern auf der faulen Haut liegen. Bitte verstehen Sie mich nicht falsch: Ich möchte Sie nicht unter Druck setzen. Betrachten Sie mich als Ihren mitfühlend agierenden, persönlichen Trainer, der sich über und auf jeden Ihrer Fortschritte freut.

ALLES IN BALANCE – WIE SIE ERHOLUNGS- UND BELASTUNGSPHASEN AUFEINANDER ABSTIMMEN

Sie sind motiviert, und möchten sofort loslegen? Dann darf ich Ihnen die wunderbare Nachricht vermitteln, dass Ruhepausen ein wichtiger Bestandteil unseres Erfolgsprogramms sein werden. Übereifer hat nämlich schon zahlreiche sportliche Karrieren beendet. Ihre Fitness und Leistungssteigerung hängt von einer gelungenen Balance zwischen Belastungs- und Erholungsphasen ab.

Hände weg von der Brechstange, die Tür zum Erfolg öffnet sich nur mit Geduld und sinnvoller Portionierung der Trainingshäppchen. Setzen Sie Reize in zu dichter Folge, wird das zu einer Abnahme Ihrer Leistungsfähigkeit führen, denn Ihr Körper nimmt Ihnen den Mangel an Erholung übel. Ist der Abstand zwischen den einzelnen Trainingsreizen hingegen zu groß, wird es zu Rückschritten bei der Anpassung des Körpers kommen. Wer einen sinnvollen Trainingsplan zusammenstellen will, muss daher sowohl die Intensität des Reizes als auch Reizumfang und Reizdauer aufeinander abstimmen.

Jeder von Ihnen, liebe Leserinnen und Leser, hat nicht nur unterschiedliche sportliche Ziele und einen individuellen sportlichen Entwicklungsstand, sondern auch

ein bestimmtes Freizeitbudget. All diese Faktoren müssen wir bei unserer Trainingsplanung berücksichtigen. So entscheidet die Ihnen zur Verfügung stehende Trainingszeit darüber, wie oft Sie trainieren können und wie rasch die einzelnen Trainingseinheiten aufeinander folgen. Stehen beispielsweise drei Tage pro Woche zum Training zur Auswahl, würde ich Ihnen den Trainingsrhythmus Mittwoch, Samstag und Sonntag (MI-SA-SO) empfehlen. Ein sinnvolles alternatives Trio wäre auch Dienstag, Freitag und Sonntag (DI-FR-SO). Das Training auf die Tage Freitag, Samstag und Sonntag zu legen,

ist nicht ratsam, da der zeitliche Abstand von Sonntag zu Freitag zu groß ist.
Erfolgreiches Training zeichnet sich durch ein kluges Wechselspiel zwischen Belastung und Entlastung (Erholung) aus. Sie haben bisher immer dann trainiert, wenn Sie sich stark wie ein Bär gefühlt haben und halten nicht sehr viel von Planung? Dann riskieren Sie, dass Ihr Gefühl Sie täuscht. Auch wenn es Ihnen schwer fällt, an einem wundervollen Tag zu pausieren, wird Ihr bester Freund und Teamkollege Ihnen die Erholung danken. Ihr Körper nutzt die freie Zeit nämlich, um sich auf die nächste Belastung vorzubreiten. Während Sie nun die Beine hochlegen, ist er mit Auffüll- und Reparaturarbeiten beschäftigt, reagiert also auf den Trainingsreiz, den Sie zuvor gesetzt haben. Als ambitionierte Nordic Walker sollte uns das freuen, denn der Körper rüstet auf für die nächste Belastung, der er gewachsen sein will.

Der „lernfähige“ Organismus hat registriert, dass seine Energiereserven beim Training schnell zur Neige gingen und Muskelstrukturen beschädigt wurden. Wie lange er zur Regeneration – der Wiederherstellung des Optimums – braucht, hängt von seiner Leistungsfähigkeit ab, die ein guter Trainingsplan berücksichtigt. Die Glykogendepots sind nach 1–2 Tagen bereits wieder gefüllt, Ihre Muskeln brauchen jedoch länger, um die ramponierten Feinstrukturen auszubessern.

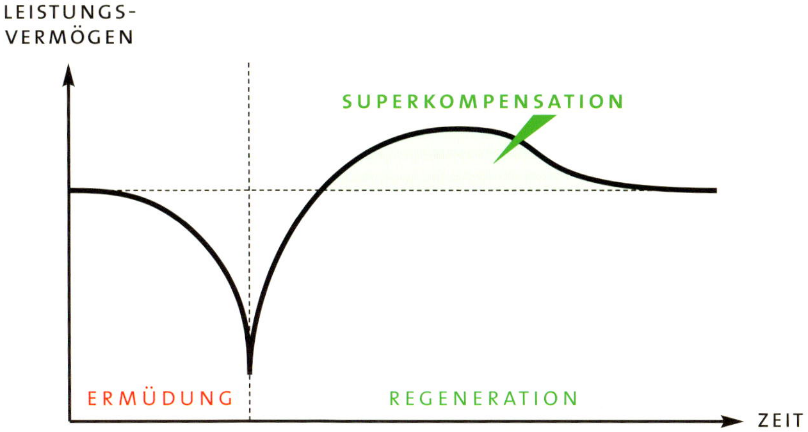

Das Prinzip der Superkompensation: Nutzen Sie diesen Effekt bei korrekter Abfolge von „Belastung“ und „Regeneration“.
Noch in der Superkompensationsphase sollte der neue Reiz gesetzt werden.

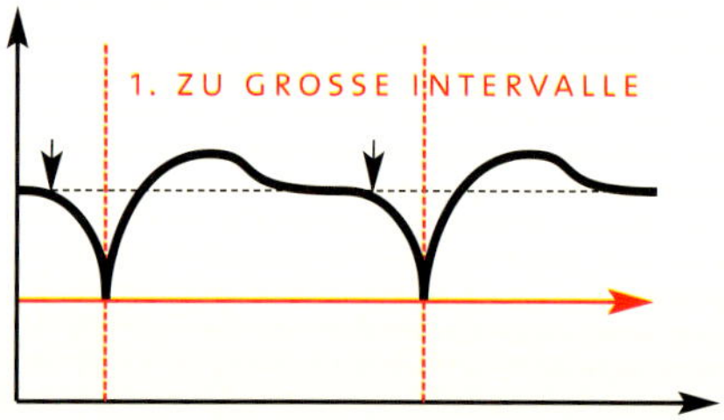

1. **Leistungsstagnation:**
   Der Trainingsreiz erfolgt zu spät.
2. **Leistungsabfall:**
   Der Trainingsreiz erfolgt zu früh.
3. **Leistungssteigerung:**
   Der Trainingsreiz erfolgt zum richtigen Zeitpunkt.

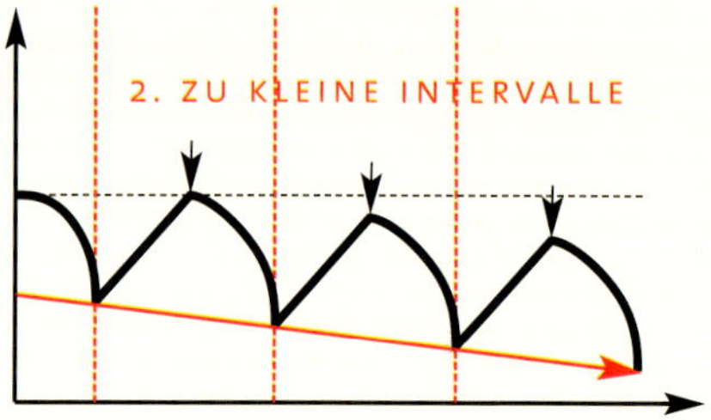

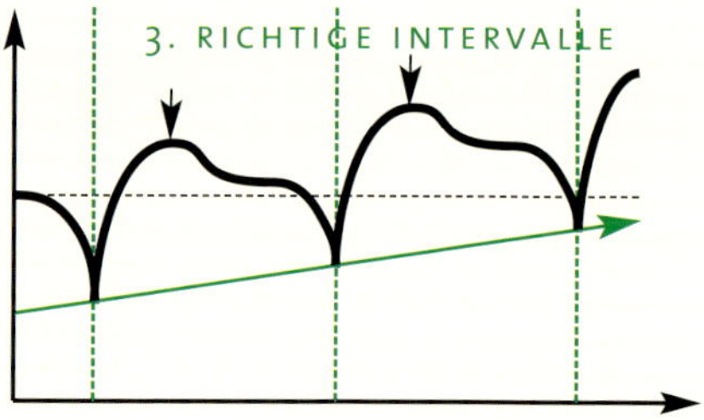

Das richtige Trainingsintervall ist wichtig: Einmal Training in der Woche ist nicht genug!
↓ = Trainingsreiz

ABWECHSLUNG IST DAS SALZ IN DER TRAININGSSUPPE

Sicher haben auch Sie eine Lieblingsmahlzeit, doch essen Sie Kartoffelpuffer mit Apfelmus deshalb gleich jeden Tag? Ich wage also zu behaupten, dass wir alle Abwechslung lieben, die das Leben schließlich erst richtig würzt. Ein buntes Programm sollte Ihnen daher auch bei der Trainingsgestaltung wichtig sein, denn eintönige Wochenpläne sind hoch wirksame Schlafmittel und großartige Motivationsbremsen.

tipp

MEINE EMPFEHLUNG FÜR IHREN „WOCHENPLAN“:

Sie verteilen Ihre Einheiten am besten auf die Tage Mittwoch, Samstag und Sonntag (MI-SA-SO), denn gerade am Wochenende werden die meisten von Ihnen Zeit haben.

Ich freue mich, dass Sie nun regelmäßig in Ihre Walkingschuhe schlüpfen! Sicher haben Sie schon bemerkt, dass Ihnen das Training nun sehr viel leichter fällt. Ihr Atemrhythmus hat sich dem Walkingschritt angepasst, und selbst ein flotteres Tempo bringt Sie kaum aus der Puste. Für Ihre Augen unsichtbar, beginnen nach einigen Wochen auch Ihre Organe, sich der sportlichen Belastung anzupassen.

WIE SICH IHR ORGANISMUS DURCH REGELMÄSSIGES TRAINING VERÄNDERT

Der Treibstoff für Ihre Ausdauerbelastung sind Sauerstoff, Kohlenhydrate und Fette. Sauerstoff wird aus der Atemluft gewonnen und dann im Blut in die (Muskel-)Zellen transportiert. Um den Körper optimaler mit Sauerstoff versorgen zu können, filtert der Körper ihn vermehrt über eine erhöhte Lungenvitalkapazität aus der Luft. Auf diese Weise erhöht sich das Blutvolumen und damit auch die Zahl der roten Blutkörperchen, denn sie dienen als Sauerstoff-Transportvehikel. Um die vermehrte Blutmenge überhaupt angemessen durch den Körper schleusen zu können, muss sich die Pumpe – also Ihr Herz – ebenfalls vergrößern und effektiver schlagen. Auch das Transportnetz – dies sind die Kapillaren – wird sich weiter verzweigen, und der Sauerstoff kann künftig über viele „Straßen" zum Muskel gelangen. Im Muskel selbst wächst die Zahl der Mitochondrien. Die kleinen Kraftwerke benötigen den Sauerstoff zur Energiegewinnung.

Die Energieträger Kohlenhydrate und Fette sind die andere Komponente des Treibstoffs. Während die Fette bei einem normalgewichtigen Menschen ausreichen würden, um ungefähr einmal um die Welt zu laufen, ist die Versorgung des Körpers mit Kohlenhydraten begrenzt.

Durch die ständige Inanspruchnahme der Kohlenhydrate beim Training legt der Körper hiervon einen Vorrat in Form des Glykogens in Muskel und Leber an.

Sehr wichtig ist auch die Anpassung von Sehnen, Bändern, Muskeln und Gelenken an die Belastung, die durch den Einbau von Struktureiweißen erfolgt. Dieser Prozess dauert relativ lange, ist aber von großer Bedeutung, will der Nordic Walker von Verletzungen durch Überlastung verschont bleiben. Wollen Sie also einen wirkungsvollen Trainingsplan zusammenstellen, müssen Sie Ihren Körper auf der einen Seite fordern, ihm andererseits aber auch hinreichend Zeit einräumen, um die Anpassungsvorgänge zu vollziehen.

WIE SICH IHRE MUSKELN AUF LANGE DISTANZEN VORBEREITEN

Wie ein Mosaik setzen sich unsere Muskeln aus verschiedenen Fasern, den so genannten Myofibrillen, zusammen. Diese Faserbündel bestehen ihrerseits aus den Filamenten Myosin und Aktin, die bei gegenseitiger Verschiebung eine Verlängerung oder Verkürzung des Muskels bewirken. Nervenimpulse regen die Muskeln zur Kontraktion an.
Je besser Ihr Trainingszustand ist, desto schneller erreichen die Impulse den Muskel und umso reibungsloser funktioniert die Bewegung. Wenn Sie das Zusammenspiel durch regelmäßiges Training fördern, wird Ihr Muskelapparat immer stärker und leistungsfähiger.

info

VERÄNDERUNGEN DES ORGANISMUS DURCH REGELMÄSSIGES AUSDAUERTRAINING

Das Ergebnis einer Studie mit untrainierten Teilnehmern und Walkern spricht für sich:

	Untrainiert	Hobbywalker- Ausdauerprofi
Herzvolumen	750 – 850 ml	950 – 1250 ml
Ruhepuls	60 – 80 Schläge/min.	50 – 30 Schläge/min.
Blutvolumen (Mann)	4,5 – 5,5 Liter	6,0 – 7,5 Liter
Lungenvitalkapazität	ca. 5,5 Liter	6,0 – 6,5 Liter
Glykogendepots	ca. 350 Gramm	ca. 600 Gramm
Anteil ST-Muskelfasern	ca. 50 %	60 – 85 %
Muskelkapillaren/mm^2	200 – 300	300 – 500
Aerobe Enzymkapazität		2 – 3-fach erhöht
Körperfettanteil (Männer)	25 – 15 %	15 – 3 %
Körperfettanteil (Frauen)	30 – 22 %	22 – 10 %

Ihre Muskelfasern unterscheiden sich auch hinsichtlich ihrer Kontraktionsgeschwindigkeit und Ermüdungsresistenz. Es gibt langsam zuckende (slow twitch oder ST) und schnell zuckende (fast twitch oder FT) Fasern. Eine große Anzahl von Enzymen, Mitochondrien und Kapillaren machen ST-Fasern („rote" Fasern) bei lang andauernden, geringen bis mittelmäßig intensiven Belastungen unverzichtbar. Ein hoher Anteil an Kreatin und Glukose bewirken die schnelle Kontraktionsfähigkeit der FT-Fasern („weiße" Fasern), die bei kurzen, intensiven und schnellkräftigen Belastungen zum Einsatz kommen.

Die prozentuale Verteilung von „Weiß" und „Rot" ist angeboren und im Durchschnitt zu gleichen Anteilen im menschlichen Körper verteilt. In Einzelfällen kann es jedoch auch zu extremen Verhältnissen von 90:10 oder 10:90 kommen, die ein besonderes Talent für Schnellkraft- oder Ausdauersportarten bedingen. Durch langjähriges gezieltes Training lässt sich das genetisch angelegte Verhältnis in gewissem Umfang verändern, doch ist die Umwandlung von FT-Fasern zu ST-Fasern leichter zu bewerkstelligen als umgekehrt. Die Metamorphose zum Weltklasse-Sprinter bleibt ohne entsprechende Erbanlagen leider unerfüllt. Selbst mit verstärktem Schnelligkeits- und Krafttraining können „langsame" Muskelfasern nur mit geringem Erfolg in „schnelle" verwandelt werden – die Aussage „Man wird zum Sprinter geboren" hat also ihre Berechtigung.

Konsequentes Ausdauertraining führt nach rund zwei Jahren zu einer Optimierung der Muskulatur. Auch das feine Netz der Blutgefäße hat sich in dieser Zeit weiter verzweigt und die Sauerstoffversorgung maximiert. In den Muskelfasern sind nun die für Ausdauerleistungen notwendigen Enzyme einsatzbereit, Ihre Kohlenhydratspeicher haben sich vergrößert und der Zugriff auf Ihre Fettdepots funktioniert besser. Auch die Mitochondrien vermehren sich und tragen zur Optimierung des aeroben Energiestoffwechsels bei.

HOHE SPRINTFÄHIGKEIT

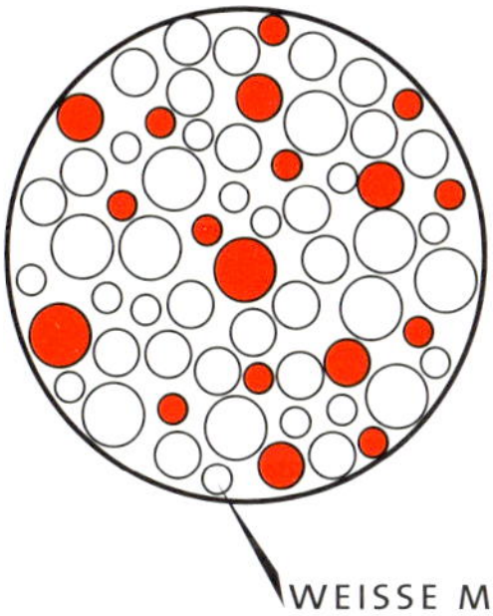

WEISSE MUSKELFASERN

HOHE AUSDAUERFÄHIGKEIT

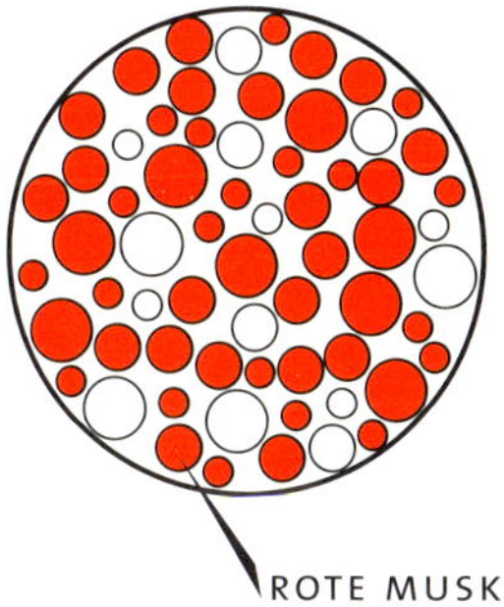

ROTE MUSKELFASERN

WIE ENERGIE ZU LEISTUNG WIRD

Angenommen, Sie möchten durch regelmäßiges Nordic Walking Ihr Gewicht reduzieren und stabilisieren: Haben Sie es in Eigenregie zuvor mit besonders viel Sport versucht und keine Erfolge erzielt? Kein Wunder, denn Ihre Muskulatur hat beim intensiven Training an Ihrer persönlichen Leistungsgrenze unter Sauerstoffmangel Kohlenhydrate und kaum das gewünschte Fett verbrannt. Ihr Körper hat alle Pölsterchen, die Sie gerne „auf der Strecke" gelassen hätten, ignoriert, denn zur Fettverbrennung brauchen die Muskeln ein Mindestmaß an Sauerstoff. Wenn Sie abnehmen wollen, müssen Sie im „grünen" Bereich trainieren, den Sie durch eine Herzfrequenz- oder Laktatmessung, sowie mit der Max. Herzfrequenzformel auf Seite 82 bestimmen können: Walken Sie in einem mittleren Tempo, bei dem Sie sich stets auf der sicheren „aeroben" Seite befinden. Training mit einer ausreichenden Menge Sauerstoff" (griech. „aerob" = mit Luft) bedeutet das vereinfacht. Die gefährliche „rote" Zone ist erreicht, wenn Sie das Tempo so forciert haben, dass Sie nach Luft schnappen. Jetzt versorgt Ihr Organismus die auf Hochtouren arbeitenden Muskeln

info

AUF EINEN BLICK

Für Ausdauersportler sind zwei Wege der Energiebereitstellung wichtig:

Anaerob = ohne Sauerstoff – es entsteht Laktat (Anhäufung von Milchsäure)

Aerob = mit Sauerstoff – es entsteht kein Stoffwechselendprodukt (schneller Abbau von Milchsäure)

Welche Form der Körper wählt, hängt von der jeweiligen Belastungsintensität ab. Es gilt:

Hohe Belastungen = anaerob

Mittlere Belastung = anaerob + aerob

Niedrige Belastung = aerob

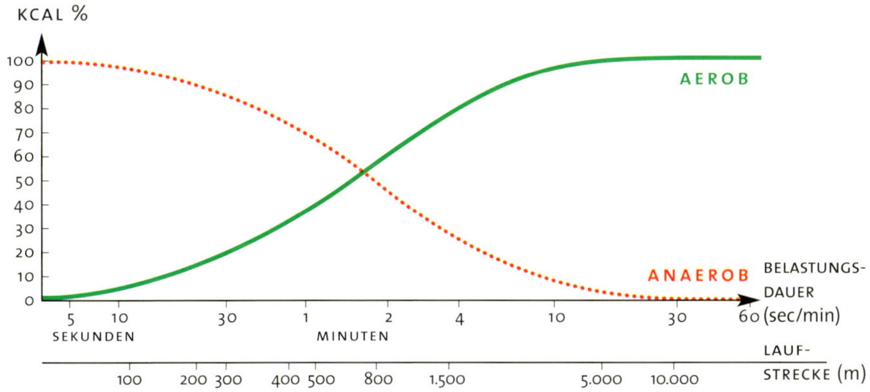

mit allem verfügbaren Sauerstoff, der aber nicht mehr ausreicht um den tatsächlichen Bedarf zu decken. Deshalb verbrennt er vermehrt Kohlenhydrate, deren unvermeidliches Nebenprodukt Milchsäure sich schließlich in der Muskulatur staut und sie arbeitsunfähig macht. „Übersäuerung" nennt man diesen Vorgang, der den Energiestoffwechsel schließlich zum Erliegen und Sie selbst zum Stillstand bringt. Der hoch intensive Bereich – die „rote" Zone – sollte für Sie tabu sein.

Wollen Sie Pfunde schmelzen lassen und Ihre Fitness verbessern, müssen Sie auf „Grün" setzen. Doch zu hartes Training hat noch weitreichendere Folgen: Bei der Laktatproduktion bildet sich auch das Zellgift Ammoniak, das aerobe Zellstrukturen massiv schädigt. Für die sinnvolle Gestaltung unserer Belastungs- und Regenerationszeiten sollten wir uns merken, dass zu hartes und zu intensives Training unsere aerobe Ausdauergrundlage verschlechtert.

info

ZU INTENSIVES TRAINING

Bei einem (zu) intensiven Training sammelt sich als Folge der anaeroben Energiegewinnung in Blut und Gewebe übermäßig viel Milchsäure (Laktat) an. Hierdurch werden zum einen die Enzyme des aeroben Stoffwechsels geschädigt, zum anderen muss sich der Körper nach einem solchen Training überproportional lange erholen. Sie sollten Ihr Tempo also bewusst kontrollieren. Wenn Sie sich noch problemlos und lautstark mit Ihren Nordic Walking-Kollegen oder sich selbst unterhalten können, ist die Geschwindigkeit nicht zu hoch. Zur optimalen Gestaltung des Tempos ist ein Herzfrequenz-Messgerät jedoch am besten geeignet (siehe Seite 78).

Die Herzfrequenzmessung ist eine denkbar unkomplizierte Methode um Ihre individuelle Trainingszone zu bestimmen und Sie zielgerichtet einzusetzen. Die Herzfrequenzkurve steigt mit der Belastung an (linearer Verlauf), die Laktatkurve (Milchsäurewerte) hingegen verläuft exponentiell. Walken Sie mit überhöhtem Tempo in den anaeroben, „roten" Bereich hinein, steigt die Milchsäurekonzentration abrupt an. Das Diagramm (Seite 81) mit den charakteristischen, unterschiedlichen Kurvenverläufen weist auch darauf hin, dass Sie sich beim Training im aeroben Bereich gut an der Herzfrequenz orientieren können.

Nun bekommen Sie noch einen kleinen Nachschlag Mathematik: Bei 60 bis 85 Prozent des ermittelten Maximalpulses ist ein Ausdauertraining wirksam – das heißt, es verläuft in der „grünen" aeroben Zone. In diesem Bereich bleiben Sie auch gut gelaunt und locker, denn es entsteht nur eine geringe Menge Milchsäure, die Ihre Freude an der Bewegung nicht schmälern kann. Doch wie hoch sollte der Maximalpuls sein, wenn Sie ein gesundheitsorientiertes Training anstreben?
Der Maximalpuls errechnet sich am Beispiel einer 40 jährigen Walkerin wie folgt: Mit der Formel 226 minus 40 (Lebensalter) errechnen wir zunächst ihren Maximalpuls von 186 Schlägen/min. Da ein wirksames Ausdauertraining bei rund 60 bis 85 Prozent des errechneten Maximalpulses stattfindet, ergibt sich für sie ein Trainingsbereich zwischen 111 und 158 Schlägen/min. Ruhiges Gesundheitstraining findet demnach bei rund 60 bis 75 Prozent ihres Maximalpulses statt, ein intensiveres Ausdauertraining zwischen 75 und 85 Prozent.
Wenn Sie Ihre eigenen Werte errechnet haben, können Sie das Training nicht nur optimal, sondern auch abwechslungsreich gestalten.

FORMEL FÜR DIE MAXIMALE HERZ-FREQUENZ:

Frauen: 226 – Lebensalter = max. HF

Männer: 220 – Lebensalter = max. HF

DIESEL ODER SUPER?

Wenn wir das Wort „Treibstoff" hören, denken wir an den Motorsport. Ich benutze diesen Begriff gerne, wenn ich als Kommentator von Marathonläufen bei Eurosport die energetischen Bedürfnisse des Körpers erkläre. Jeder Autofahrer weiß es: Sein Gefährt muss mit einem bestimmten Treibstoff betankt werden, damit es Leistung bringt. Unser Körper benötigt für seine Arbeit Kohlenhydrate und Fette. Welche Energieform er während einer sportlichen Belastung braucht, hängt von deren Intensität ab. Bei kurzen und intensiven Belastungen bevorzugt er Kohlenhydrate, bei langen und langsamen werden vorwiegend Fette verbrannt. Vielleicht können Sie sich das Prozedere durch eine Zuordnung der besonderen Art merken:

Für unseren Körper sind Kohlenhydrate Superbenzin, Fette hingegen wirken wie Dieselkraftstoff.

Ein Formel 1-Wagen ist zwar blitzschnell, doch seine Reichweite wird durch den enormen Energieverbrauch beschränkt. Ein Diesel ist sicherlich nicht das schnellste Vehikel, aber „er läuft und läuft und läuft..."

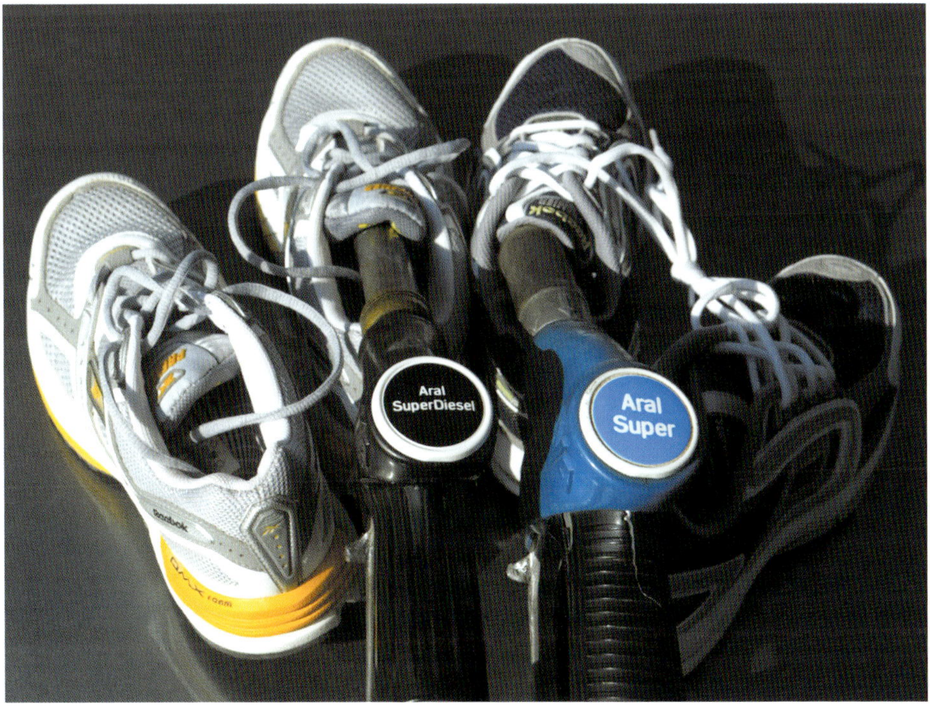

WERDEN SIE UNABHÄNGIG: TRAINING NACH HERZFREQUENZEN

Wo liegt nun Ihre ganz persönliche Grenze zwischen intensiver und niedriger Belastung? Wie merken Sie rechtzeitig, wenn Ihr Körper vom aeroben zum anaeroben Bereich wechselt? Diese Fragen können Sie anhand Ihrer individuellen Herzfrequenz (HF) beantworten, die Sie auf einer Pulsuhr ablesen können. Pulsuhren überwachen Ihre Herzfrequenz zuverlässig und sind mit Preisen ab etwa 30 Euro eine erschwingliche und lohnende Investition.

info

SO KÖNNEN SIE IHRE MAXIMALE HERZFREQUENZ SELBST BESTIMMEN

Achtung, nur nach ärztlichem Checkup: Sie können Ihren Maximalpuls auch selbst bestimmen. Suchen Sie sich eine anspruchvolle Strecke, z.B. hügeliges Terrain. Walken Sie sich 10 Minuten warm und gehen Sie danach 10 Minuten lang so schnell Sie können. Beginnen Sie langsam und legen Sie dann an Tempo zu. Walken Sie so lange bis Sie erschöpft sind. Blicken Sie während der Belastung ab und zu auf Ihre Pulsuhr. Der höchste Wert, den Sie erreichen, ist Ihre persönliche maximale Herzfrequenz. Noch exaktere Werte erhalten Sie durch eine Laktat-Leistungsdiagnostik, die Sie in zahlreichen trainingswissenschaftlichen Instituten (Adressen siehe Serviceteil) durchführen lassen können.

Sicher haben Sie schon Nordic Walker mit einem Frequenzgerät gesehen. Es besteht aus einem drahtlosen Sender in einem Gürtel, der um den Oberkörper geschlungen wird. Eine Uhr, die Sie am Handgelenk tragen, empfängt Ihre Pulswerte. Nun müssen Sie nur noch Ihre optimalen Herzfrequenzbereiche kontrollieren, die Sie mit einer der nachfolgend beschriebenen Testmethoden ermitteln, und schon kann es unkompliziert und professionell losgehen! Top-Modelle unter den Pulsuhren speichern sogar das gesamte Trainingsprogramm inklusive gemessener Herzfrequenzen.
Mit Hilfe einer speziellen Software können sich erfahrene Walker die Ergebnisse nach Ablauf des Trainings sogar auf einen Computer herunterladen, und dann nach Herzenslust analysieren.

Ein blinkendes kleines Herz auf dem Display Ihrer Uhr – welche Aussagekraft hat die Herzfrequenz? Zuverlässig wie ein ärztliches EKG gibt der Puls zunächst Auskunft über Ihren Gesundheitszustand. Wenn Sie trainieren, zeigt er Ihnen die Intensität der Belastung an, in Phasen der Erholung verrät er, wie es um Ihre Regenerationsfähigkeit bestellt ist. Sie sind nun im Besitz wichtiger und einzigartiger Daten, die Sie durch Ihr Walkingtraining begleiten werden. Ihre Ruhe-, Belastungs-, und Erholungsherzfrequenz unterscheidet sich von denen anderer Nordic Walker, denn Sie sind ein Individuum: kein Zweiter hat Ihre genetischen Anlagen und Ihr spezielles Leistungsvermögen in Kombination mit den Faktoren Lebensalter und Geschlecht.

Es gibt daher auch keine allgemein gültigen Frequenzbereiche, die für die Entwicklung einer bestimmten Ausdauerfähigkeit vorgegeben werden könnten.

Wer ein leistungsorientiertes und gesundheitsförderliches Ausdauertraining durchführen möchte, muss seinen individuellen Herzfrequenz-Bereich selbst ermitteln. Als Methoden stehen die Bestimmung der maximalen Herzfrequenz oder ein Stufentest mit Laktat und HF-Bestimmung zur Auswahl.

LAKTAT-LEISTUNGSDIAGNOSTIK

Auch Walking-Anfänger und ambitionierte Hobbysportler nutzen die Leistungsdiagnostik zunehmend zur Ermittlung ihrer Belastungsgrenzen. Sie liefert die exaktesten Werte für eine optimale Trainingsplanung, und wird mittlerweile von zahlreichen trainingswissenschaftlichen Instituten, aber auch einzelnen Walking-/Lauftrainern und Sportärzten, angeboten. Die Preise liegen je nach Umfang zwischen 70 und 200 Euro, wobei eine normale Basis-Untersuchung ohne Spiroergometrie (eine parallel zur Belastung laufende Atemgasanalyse über eine Maske) ausreichend ist.

wichtig

- Absolvieren Sie einen Test nur bei absoluter Gesundheit, lassen Sie im Zweifelsfall eine sportmedizinische Untersuchung durchführen.
- Ihre Kohlenhydratspeicher sollten gut gefüllt sein: Achten Sie auf eine kohlenhydratreiche Ernährung in den letzten drei Tagen vor dem Test, außerdem sollten Sie in den letzten 48 Stunden davor weder eine lange Ausdauerbelastung noch ein intensives Training durchführen!
- Verzichten Sie am Testtag auf einen übermäßigen Kaffee- oder Teegenuss, denn dadurch wird die Herzfrequenz erhöht.
- Passen Sie Ihre Bekleidung der Umgebungstemperatur an.

Die Tests werden entweder auf der Bahn oder auf einem Laufband durchgeführt, das die Geschwindigkeit vorgibt. Ausgehend von einer geringen Belastung wird innerhalb bestimmter zeitlicher Intervalle (mindestens 5 Minuten) die Belastung (Geschwindigkeit) bis zur subjektiven Erschöpfung erhöht.
Am Ende jeder Belastungsstufe findet eine Laktatanalyse statt, bei der dem Walker Blut aus dem Ohrläppchen entnommen und auch die Herzfrequenz gemessen wird. Bei der Auswertung setzt man die Parameter Laktat, Herzfrequenz und Belastungsintensität (Geschwindigkeit) zueinander in Beziehung. Hieraus lassen sich eindeutige Rückschlüsse auf den Leistungszustand der Testperson ziehen. Herzfrequenzempfehlungen, und teilweise auch Geschwindigkeitsvorgaben für unterschiedliche Trainingsbereiche, ermöglichen eine Optimierung des Trainings. Da die Institute und Labore mit unterschiedlichen Rechenmethoden arbeiten, ist es empfehlenswert, sich stets am gleichen Ort testen zu lassen.

DIE TEST-AUSWERTUNG

Mit steigender Belastung erhöht sich auch der Laktatwert. Der Anstieg verläuft zunächst langsam und annähernd auf horizontalem Niveau. Der Bereich, an dem Laktatbildung und Laktatabbau gerade noch im Gleichgewicht stehen, wird als aerob-anaerobe Schwelle bezeichnet, danach steigen die Laktatwerte steiler an.

Die aerob-anaerobe Schwelle wurde empirisch, also durch Erfahrungswerte, auf den Wert 4 mmol pro Liter festgesetzt. Meine Erfahrungen haben gezeigt, dass diese Schwelle sehr günstig für die Trainingssteuerung ist. Es werden computergestützt verschiedene Trainings-Intensitätsstufen ermittelt und schließlich – unter Berücksichtigung der persönlichen sportlichen Voraussetzungen und Ziele – Empfehlungen gegeben, wie das Training nach Umfang und Intensität optimiert werden kann.
Die Ausdauerleistungsfähigkeit ist umso besser ausgebildet, je niedriger die Laktatwerte auf den einzelnen Belastungsstufen liegen und je weiter die Laktatleistungskurve nach rechts verschoben ist. Das bedeutet,

dass Sie bei gleichbleibender Herzfrequenz wesentlich schneller walken können.
Das klingt einfach, nicht wahr? Ob Sie erst ein paar Monate oder bereits viele Jahre trainieren – um Geschwindigkeiten müssen Sie sich nicht kümmern: Ihre persönliche Herzfrequenz sagt Ihnen alles über die Intensität Ihres Trainings. Auf diese Weise können Sie Ihr Training ganz unabhängig von Wegmarken und exakt vermessenen Walkingstrecken gestalten und selbst steuern.

Vor allem bei Anfängern verhindern leistungsdiagnostische Tests ein zu intensives Training. Daraus resultiert mehr Freude an den einzelnen Walkingeinheiten.
Walkingeinsteiger sollten nach ca. 6 Monaten erneut einen Laktattest absolvieren, da sich die Werte gerade nach Aufnahme eines regelmäßigen Trainings noch stark verändern. Mit zunehmendem „Trainingsalter“ werden sie jedoch erstaunlich stabil, so dass die Testintervalle immer größer werden können.

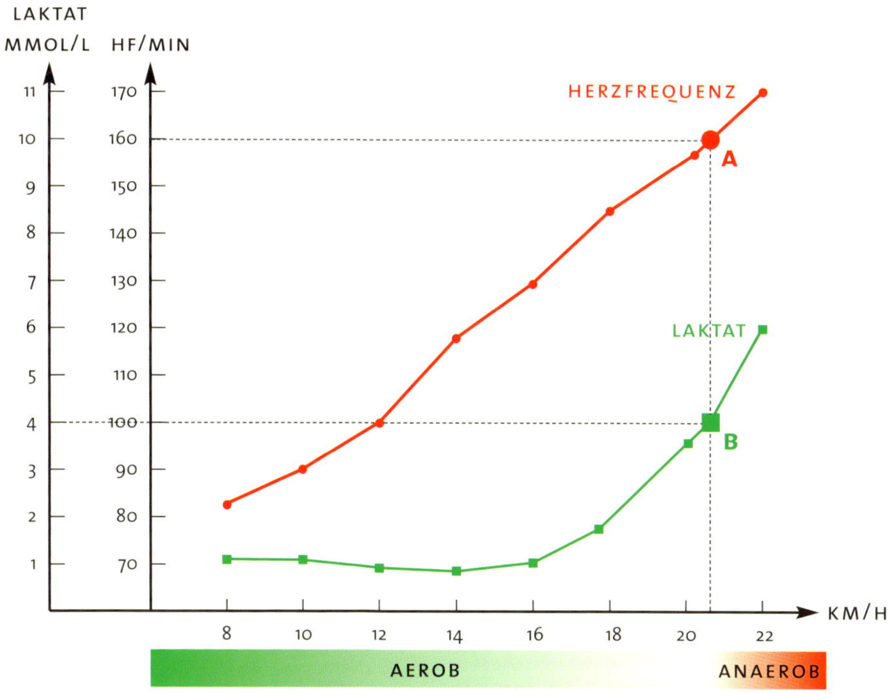

Mit ansteigender Intensität der Belastung nehmen Laktatbildung und Herzfrequenz zu, hier an den Kurven eines gut trainierten Sportlers zu erkennen.
A = HF an aerob-anaerober Schwelle (AAS)   B = Geschwindigkeit an der AAS

TRAINING NACH HERZFREQUENZEN

Optimale Trainingspuls-Frequenzen:

- Niedrige Belastung oder ruhiges Gesundheitstraining 60–70 % der max. HF
- Mittlere Belastung oder flottes Fitnesstraining 70–80 % der max. HF
- Hohe Belastung oder Intensives Ausdauertraining 80–85 % der max. HF

TRAININGS-HERZFREQUENZEN FÜR FRAUEN

Maximale HF 226 - Lebensalter = Maximalpuls

	MAXIMALPULS	TRAININGSPULSFREQUENZEN				
ALTER	100%	60%	70%	75%	80%	85%
20	206	124	144	154	165	175
25	201	121	141	151	161	171
30	196	118	137	147	157	167
35	191	115	134	143	153	162
40	186	112	130	139	149	158
45	181	104	127	136	145	154
50	176	106	123	132	141	150
55	171	103	120	128	137	145
60	166	100	116	124	133	141
65	161	97	113	121	129	137
70	156	94	109	117	125	133

TRAININGS-HERZFREQUENZEN FÜR MÄNNER

Maximale HF 220-Lebensalter = Maximalpuls

	MAXIMALPULS	TRAININGSPULSFREQUENZEN				
ALTER	100%	60%	70%	75%	80%	85%
20	200	120	140	150	160	170
25	195	117	136	146	156	166
30	190	114	133	143	152	161
35	185	111	129	139	148	157
40	180	108	126	135	144	153
45	175	103	122	131	140	149
50	170	102	119	128	136	144
55	165	99	115	124	132	140
60	160	96	112	120	128	136
65	155	93	108	116	124	132
70	150	90	105	113	120	127

SCHNECKE ODER TURBO-WALKER? – TEMPO-TIPPS VON HORST SOBIEROY

Horst Sobieroy ist Lauf- und Nordic Walking-Lehrtrainer des FLVW (Fußball- und Leichtathletik Verband Westfalen) und Experte der westfälischen Lauf- und Walkingakademie für Training und Trainingsplanung. Er kann auf eine langjährige Erfahrung als Trainer von Nordic Walking-Anfängern und Fortgeschrittenen zurückblicken.
Der begeisterte Hobbyläufer leitet auch das Mentorenprogramm Karstadt Ruhr Marathon und Karstadt Sport walking day.

„Haben Sie keine Angst davor, in einer Gruppe zu walken. Wenn Ihr Puls zwischen 60 und 85 Prozent der maximalen HF liegt, walken Sie im aeroben Bereich. Damit können Teilnehmer mit unterschiedlichem Leistungsvermögen in einer Gruppe zusammen trainieren. Wichtig ist mir, dass meine Nordic Walker nicht mehr als 85 Prozent der maximalen HF erreichen.

Walkingeinsteiger mit geringen sportlichen Erfahrungen liegen schon bei geringem Tempo in einem Herzfrequenzbereich zwischen 70 und 80 Prozent. Auch wenn Ihnen das Tempo sehr langsam vorkommt, sollten Sie diese Frequenzen konsequent einhalten.
Sie werden überrascht sein, wie schnell Sie Fortschritte machen und sich Ihre Fitness und Ausdauer verbessern.

Aus meiner Erfahrung als Trainer weiß ich, dass „Kämpfen bis zum Umfallen“ die Fitness meist verschlechtert. Sport soll Spaß machen. Nordic Walking ist eine sportliche Belastung und meine Teilnehmer wollen auch spüren, dass sie etwas geleistet haben. Daher wähle ich oft einen ‚gesunden' Mittelwert zwischen 60 und 80 Prozent. Wichtig ist auch, dass das Training abwechslungsreich gestaltet wird, wie in den folgenden Trainingsprogrammen.“

6 INDIVIDUELL TRAINIEREN

Hier ist es: Das effektive Fitnessprogramm – ganz allein für Sie! Erleben Sie, wie Sie mit einem maßgeschneiderten Plan mehr Spaß und Erfolg mit Nordic Walking haben. Lesen, Schuhe schnüren und raus in die Natur!

– IHR OPTIMALER NORDIC WALKING TRAININGSPLAN!

INDIVIDUELL TRAINIEREN: IHR OPTIMALER NORDIC WALKING-TRAININGSPLAN

4-WOCHENPLAN FÜR NORDIC WALKING-ANFÄNGER

4 Wochen zum „Hineinschnuppern“:
Sie wollen sich regelmäßig bewegen und Ihre Fitness verbessern? Dann ist mein „Schnupperprogramm“ der richtige Einstieg für Sie.

Walken Sie auf Park- oder Waldwegen und – wenn möglich – nicht auf Asphaltstrecken. Mehr als ein Training pro Woche steigert die Effektivität der Einheiten. Ihre Herzfrequenz sollte bei 60 bis 70 Prozent des Maximalpulses liegen (226/Frauen und 220/Männer minus Lebensalter). Ihr Tempo können Sie auch kontrollieren, wenn Sie während des Trainings darauf achten, dass Sie sich jederzeit locker mit sich selbst oder einem Partner unterhalten können.

wichtig

EIN PAAR ANMERKUNGEN ZU DEN TRAININGSPLÄNEN:

- Meine Angaben beziehen sich immer auf Minuten und nicht auf Kilometer, da es meiner Meinung nach zu umständlich ist, in Eigenregie zunächst eine Strecke exakt abzumessen.
- Die HF-Angaben sind als Richtwert gedacht. Rechnen Sie immer mit plus-minus 3–4 Herz-Schlägen.
- Wenn Sie 15 Minuten nicht am Stück walken können, dann machen Sie nach 5 Minuten eine kleine Pause von 2–3 Minuten und walken dann wieder 5 Minuten. Versuchen Sie aber, eine Gesamtzeit von 15 Minuten walkend zu erreichen.
- Den Mittwoch können Sie durch Dienstag oder Donnerstag austauschen
- Walken Sie langsam los. Sie müssen nicht sofort die Ziel-HF erreichen. Es ist ausreichend, wenn Sie nach 5 Minuten in die Nähe dieser Zone gelangen.

TRAININGSPLAN FÜR NORDIC WALKING-ANFÄNGER, 4 WOCHEN

WOCHE	MONTAG	DIENSTAG	MITTWOCH	DONNERSTAG	FREITAG	SAMSTAG	SONNTAG
1	Ruhetag	Ruhetag	15 Minuten ruhiges Walken bei 60 % der max. HF	Ruhetag	Ruhetag	15 Minuten ruhiges Walken bei 60% der max. HF	15 Minuten ruhiges Walken bei 60 % der max. HF
2	Ruhetag	Ruhetag	20 Minuten ruhiges Walken bei 60 % der max. HF	Ruhetag	Ruhetag	20 Minuten ruhiges Walken bei 60% der max. HF	20 Minuten ruhiges Walken bei 60 % der max. HF
3	Ruhetag	Ruhetag	25 Minuten ruhiges Walken bei 60 –65 % der max. HF	Ruhetag	Ruhetag	25 Minuten flottes Walken bei 70% der max. HF	25 Minuten ruhiges Walken bei 60–65 % der max. HF
4	Ruhetag	Ruhetag	30 Minuten ruhiges Walken bei 60–65 % der max. HF	Ruhetag	Ruhetag	30 Minuten flottes Walken bei 70 % der max. HF	30 Minuten ruhiges Walken bei 60–65 % der max. HF

Sie können nach diesen 4 Wochen weitere 4 Wochen anhängen. Addieren Sie dann einfach je Woche 5 Minuten zu Ihrer Walkingzeit (in der 5. Woche z.B. 35 Minuten). Die Angaben für die HF bleiben wie in der 4. Woche.

TRAININGSPLAN FÜR FORTGESCHRITTENE NORDIC WALKER

Fitness-Programm
Wenn Sie 40 Minuten problemlos walken können und Abwechslung lieben, dann ist dieses Programm richtig für Sie.

Bei intensiven Walking-Einheiten (Einheiten ab 75 % der max. HF, markiert mit Fettdruck) rechnen Sie bitte 10 Minuten langsames Aufwärm-Walken und anschließend ca. 5 Minuten Entspannungs-Walken dazu. Dies wird nicht extra aufgeführt! Wenn Sie Zeit haben und noch nicht ausgelastet sind, können Sie nach einer ruhigen Walkingeinheit auch ein Zirkeltraining (siehe Seite 105) anschließen oder es als zusätzliche Einheit einfügen. Achten Sie aber auf den Grundsatz: Nach einer Belastung folgt eine Entlastung!

wichtig

NORDIC WALKEN BEI HOHEN OZONWERTEN?

Alle Jahre wieder wird im Sommer vor Ausdauersport bei hohen Ozonwerten gewarnt. Das Reizgas löst bei zahlreichen Menschen tatsächlich Atemprobleme aus. Spüren Sie ein „Kratzen" im Hals oder „Prickeln" auf den Bronchien, sollten Sie Ihren Bewegungsdrang auf jeden Fall bremsen.
Generell gilt: Trainieren Sie nicht bei starker Sonneneinstrahlung und Maximalwerten, sondern walken Sie während der heißen Sommerwochen (ausnahmsweise) in den frühen Morgenstunden oder am Abend, wenn die Ozonwerte wieder geringer sind.

TRAININGSPLAN FÜR FORTGESCHRITTENE, 8 WOCHEN

WOCHE	MONTAG	DIENSTAG	MITTWOCH	DONNERSTAG	FREITAG	SAMSTAG	SONNTAG
1	Ruhetag	Ruhetag	40 min ruhiges Walken bei 60 % der max. HF	Ruhetag	Ruhetag	40 min ruhiges Walken bei 70–75 % der max. HF	45 min ruhiges Walken bei 60 % der max. HF
2	Ruhetag	Ruhetag	2 x 10 min (Pause: 5 min ganz ruhiges Walken) intensives Walken bei 75–80 % der max. HF	Ruhetag	Ruhetag	40 min ruhiges Walken bei 60–65% der max. HF	50 min ruhiges Walken bei 60–65% der max. HF
3	Ruhetag	Ruhetag	3x 10 min (Pause: 5 min ganz ruhiges Walken) intensives Walken bei 75–80 % der max. HF	Ruhetag	Ruhetag	40 min ruhiges Walken bei 60–65 % der max. HF	40 min ruhiges Walken bei 60–65 % der max. HF
4	Ruhetag	Ruhetag	30 min intensives Walken bei 75–80 % der max. HF	Ruhetag	Ruhetag	40 min ruhiges Walken bei 60–65 % der max. HF	60 min ruhiges Walken bei 60–65 % der max. HF
5	Ruhetag	Ruhetag	20 min intensives Walken bei 75–80 % der max. HF	Ruhetag	Ruhetag	40 min ruhiges Walken bei 60–65 % der max. HF	50 min ruhiges Walken bei 60–65 % der max. HF
6	Ruhetag	Ruhetag	3x 10 min (Pause: 5 min ganz ruhiges Walken), intensives Walken bei 80% der max. HF	Ruhetag	Ruhetag	40 min ruhiges Walken bei 60–65 % der max. HF	50 min ruhiges Walken bei 60–65 % der max. HF
7	Ruhetag	Ruhetag	25 min intensives Walken bei 80% der max. HF	Ruhetag	Ruhetag	40 min ruhiges Walken bei 60–65 % der max. HF	60 min ruhiges Walken bei 60–65 % der max. HF
8	Ruhetag	Ruhetag	30 min intensives Walken bei 80% der max. HF	Ruhetag	Ruhetag	40 min ruhiges Walken bei 60 -65 % der max. HF	70 min ruhiges Walken bei 60-65 % der max. HF

TRAININGSPLAN FÜR AMBITIONIERTE WALKER:

Power Nordic Walking-Programm
Wenn Sie mühelos das Fortgeschrittenen-Programm absolviert haben, können Sie Ihre Ausdauer und Fitness noch einmal mit dem Power Walking-Programm verbessern.

Bei intensiven Walking-Einheiten (**Einheiten ab 75 % der max. HF**) rechnen Sie bitte 10 Minuten langsames Aufwärm-Walken und anschließend ca. 5–10 Minuten Entspannungs-Walken dazu. Dies ist im Trainingsplan nicht extra aufgeführt!

Selbstverständlich können Sie dieses Trainingsprogramm fortführen und/oder – je nach Zeitbudget und Belastbarkeit – eine oder zwei Trainingseinheiten hinzufügen.

wichtig

GRUNDSÄTZLICHES FÜR EIN FITNESS-TRAINING MIT MEHR SPASS UND ERFOLG:

- Weniger ist manchmal mehr
- Trainingshäufigkeit kommt vor Trainingsintensität
- Bauen Sie immer auch eine Entlastungs- bzw. Regenerationswoche in Ihren Trainingsplan ein
- Nach einer Belastung folgt eine Entlastung
- Trinken Sie nach einem Training sofort eine möglichst große Menge klares Wasser
- Stretching macht Sie geschmeidiger und schützt auch vor Verletzungen
- Bei Schmerzen unverzüglich aufhören und einen Arzt konsultieren
- Hören Sie auf Ihr Herz, es sagt Ihnen immer, was Ihnen gut tut und was nicht!

TRAININGSPLAN FÜR AMBITIONIERTE, 8 WOCHEN

WOCHE	MONTAG	DIENSTAG	MITTWOCH	DONNERSTAG	FREITAG	SAMSTAG	SONNTAG
1	Ruhetag	Ruhetag	**30 min intensives Walken bei 80 % der max. HF**	Ruhetag	Ruhetag	40 min ruhiges Walken bei 60–65 % der max. HF	70 min ruhiges Walken bei 60–65 % der max. HF
2	Ruhetag	Ruhetag	**4 x 10 min (Pause: 3 min ganz ruhiges Walken) intensives Walken bei 80–85 % der max. HF**	Ruhetag	Ruhetag	40 min ruhiges Walken bei 60–65 % der max. HF	60 min ruhiges Walken bei 60–65 % der max. HF
3	Ruhetag	40 min ruhiges Walken bei 60–65 % der max. HF	Ruhetag	**30 min intensives Walken bei 80 % der max. HF**	Ruhetag	40 min ruhiges Walken bei 60–65 % der max. HF	70 min ruhiges Walken bei 60–65 % der max. HF
4	Ruhetag	40 min ruhiges Walken bei 60-65 % der max. HF	Ruhetag	**40 min intensives Walken bei 80 % der max. HF**	Ruhetag	40 min ruhiges Walken bei 60–65 % der max. HF	80 min ruhiges Walken bei 60–65 % der max. HF
5	Ruhetag	40 min ruhiges Walken bei 60–65 % der max. HF	Ruhetag	**30 min intensives Walken bei 80 % der max. HF**	Ruhetag	40 min ruhiges Walken bei 60–65 % der max. HF	60 min ruhiges Walken bei 60–65 % der max. HF
6	Ruhetag	40 min ruhiges Walken bei 60–65 % der max. HF	Ruhetag	**3x 10 min (Pause: 3 min ganz ruhiges Walken) intensives Walken bei 80–85 % der max. HF**	Ruhetag	40 min ruhiges Walken bei 60–65 % der max. HF	70 min ruhiges Walken bei 60–65 % der max. HF
7	Ruhetag	40 min ruhiges Walken bei 60–65 % der max. HF	Ruhetag	**4 x 10 min (Pause: 3 min ganz ruhiges Walken) intensives Walken bei 80–85 % der max. HF**	Ruhetag	40 min ruhiges Walken bei 60–65 % der max. HF	80 min ruhiges Walken bei 60–65 % der max. HF
8	Ruhetag	40 min ruhiges Walken bei 60–65 % der max. HF	Ruhetag	**40 min intensives Walken bei 80–85 % der max. HF**	Ruhetag	40 min ruhiges Walken bei 60–65 % der max. HF	90 min ruhiges Walken bei 60–65 % der max. HF

STRETCHING UND

7 GYMNASTIK...

Beim Nordic Walking trainieren Sie Ihre Ausdauer – lassen Sie uns nun auch etwas für Ihre Muskulatur tun! Mit Dehnübungen und Gymnastik verbessern Sie Ihre Beweglichkeit und lösen Verspannungen. Nun können Sie locker loslegen und jeden Schritt genießen.

...FÜR NORDIC WALKER!

STRETCHING UND GYMNASTIK FÜR NORDIC WALKER

SO DEHNEN UND KRÄFTIGEN SIE IHRE MUSKELN RICHTIG

Nicht nur bei Spitzenathleten sollten Dehn- und Kräftigungsübungen zum Standardprogramm gehören. Wenn Sie ausschließlich walken, belasten Sie nicht alle Muskelgruppen des Körpers und riskieren ein muskuläres Ungleichgewicht (Dysbalance), das zu Verletzungen führen kann.
Verkürzungen der Muskulatur machen sich durch Verspannungen und Schmerzen bemerkbar.

info

FOLGENDES ERREICHEN SIE MIT STRETCHING:

- Minimierung des Verletzungsrisikos
- Verbesserung der Regeneration
- Ausgleich muskulärer Ungleichgewichte
- Ökonomisierung der Bewegungsabläufe

STRETCHING NACH DER BELASTUNG ZUR FÖRDERUNG DER REGENERATION

Für eine rasche Regeneration ist es von Bedeutung, den Stoffwechsel des Muskels zu verbessern. Durch die aktiv-dynamische Dehntechnik wird die Durchblutung des Muskels aktiviert. Viele Sportler dehnen leider immer noch statisch und behindern damit durch die Kompression der Kapillaren in den Muskeln die Durchblutung und den Abtransport der Stoffwechselprodukte.

Die Regeneration wird nach Meinung zahlreicher Physiotherapeuten jedoch insbesondere durch leichtes Auslaufen/Walken und lockeres Schwimmen unterstützt, denn diese Maßnahmen beschleunigen den Stoffwechsel und senken die Muskelspannung.

STRETCHING ZUM AUSGLEICH MUSKULÄRER DYSBALANCEN

Als muskuläre Dysbalance bezeichnen wir ein Ungleichgewicht zwischen der Dehn- und Kraftfähigkeit eines Muskels und seinem Gegenspieler. Wissenschaftliche Untersuchungen haben ergeben, dass durch Dehnen der stärkeren Muskelpartien der schwächere Gegenspieler nicht gestärkt wird – Stretching kann die Ruhespannung der spannungserhöhten Muskulatur nicht reduzieren. Intensives statisches Dehnen führt also zu einer Erhöhung des Muskeltonus und ist damit kontraproduktiv. Gezielte Übungen wie auf den folgenden Seiten senken die Muskelspannung des starken „Partners“ und fördern die Kraftzunahme des schwachen Gegenspielers.

STRETCHING ZUR VERBESSERUNG DER BEWEGLICHKEIT

Dehnen führt zu einer größeren Bewegungsamplitude. Trainierte Muskeln können daher in extremen Positionen höheren Belastungen standhalten (z.B. das schnelle Wechseln vom langsamen in das intensivere Walken). Eine stichhaltige Begründung für diese Tatsache haben Sportwissenschaftler noch nicht gefunden. Da die Gesamtlänge des Muskels nicht zu beeinflussen ist, halten die Forscher Veränderungen im neuronalen Bereich für möglich.

DAS AKTIV-DYNAMISCHE DEHNEN („intermittierendes Dehnen“)

Bei dieser Form des Dehnens wird die betreffende Übung langsam und rhythmisch im Bereich des Dehnungspunktes ausgeführt. Dabei wird der Gegenspieler (Antagonist) angespannt. Dehnen Sie beispielsweise Ihren hinteren Oberschenkel, wird der vordere Oberschenkel – bei gestrecktem Bein – leicht angespannt.
Mit einer langsamen Intensivierung setzen Sie einen „schleichenden Reiz“.
Achtung! Ruckartige Bewegungen schädigen die Muskeln.

1. Bewegung in Dehnrichtung und ausatmen.
2. Bewegung entgegen der Dehnung und einatmen.

info

STRETCHING-ÜBUNGEN

Verkürzte Muskeln sind häufig die Ursache von Verletzungen oder schmerzhaften Beeinträchtigungen des Bewegungsapparats. Zehn Minuten Stretching nach dem Walkingtraining reichen als vorbeugende Maßnahme vollkommen aus – Ihre Muskeln und Sehnen werden es Ihnen danken.
Ein weiterer wichtiger Faktor: Sie können schneller walken! Verkürzte Muskulatur verhindert, dass Sie einen effektiven und raumgreifenden Schritt entwickeln können.
Die Übungen 1 und 2 werden sowohl vor als auch nach dem Walken praktiziert, während die anderen Übungen nach dem Walken durchgeführt werden sollten. Die Übungen „Outdoor-Stretching“ zeigen ein Kurzprogramm, das Sie draußen an Ihrer Walkingstrecke absolvieren können.
Wer das erweiterte Stretching-Programm durchführen möchte benötigt dazu einen Untergrund auf dem er sitzen und liegen kann.
Die Dehnfähigkeit jedes Einzelnen ist von Natur aus unterschiedlich. Messen Sie sich nicht mit anderen Sportlern, sondern versuchen Sie die eigene Dehnfähigkeit durch regelmäßiges, richtig durchgeführtes Stretching, langsam zu verbessern oder zu erhalten.

info

STRETCHING IM ZUSAMMENSPIEL MIT KRAFTÜBUNGEN:

Studien haben ergeben, dass Krafttraining in Verbindung mit Stretching erfolgreicher ist als ohne vorherige Dehnübungen. Auf den nachfolgenden Schaubildern habe ich meine Standardübungen zusammengestellt.

wichtig

WAS SIE BEIM STRETCHEN BEACHTEN SOLLTEN:

- Stretchen Sie nach der Belastung immer aktiv-dynamisch und niemals statisch.
- Führen Sie insbesondere vor dem Walken niemals statische Dehnübungen aus. Eine Ausnahme ist das Dehnen der Achillessehne (siehe unten), was Sie in jedem Fall vor dem Training durchführen sollten.
- Atmen Sie ruhig aus, während Sie Ihren Muskel dehnen. Dehnen Sie, bis Sie ein leichtes Ziehen spüren, niemals aber bis zur Schmerzgrenze!
- Halten Sie die Spannung beim Vorgang des Ausatmens einige Sekunden.
- Atmen Sie gleich darauf ruhig ein und dehnen Sie mit dem Atemfluss einige Sekunden die andere Seite.

outdoor-stretching

1. DEHNEN DER WADENMUSKULATUR (ZWILLINGSWADENMUSKEL)

Stellen Sie den vorderen Fuß an eine Bordsteinkante und halten Sie das Bein gestreckt. Das hintere Bein stabilisiert die Position. Nun bewegen Sie Hüfte und Oberkörper vorsichtig und langsam nach vorne bis Sie eine leichte Dehnung im oberen Teil der Wade spüren.

2. DEHNEN DES ACHILLESSEHNENANSATZES UND DES SCHOLLENMUSKELS DER WADE

Gleiche Ausgangsstellung wie bei Übung 1. Das Knie wird nun jedoch nach vorne gebeugt und das Körpergewicht auf das gebeugte Bein verlagert. Die Dehnung spüren Sie an der Achillessehne, am Ansatz zum Wadenmuskel.

outdoor-stretching

3. DEHNUNG DER ISCHIOCRURALEN MUSKULATUR

Für diese Übung benötigen Sie eine Bank. Bei leicht gebeugten Kniegelenken bewegen Sie nun die Hüfte und den gesamten Oberkörper ein wenig nach vorne. Achten sie darauf, nicht nur den Kopf zu beugen, sondern den gesamten Oberkörper. Es soll so aussehen, als hätten Sie gerade einen Stock verschluckt. Die Fußspitzen des anderen Beines zeigen gerade nach vorne und nicht seitwärts.
Um die rückwärtige Oberschenkelmuskulatur zu aktivieren, drücken Sie die Ferse abwärts gegen die Bank. Die Stöcke werden – bei lockerer Griffhaltung – als Stütze vor die Bank gestellt.

4. STRECKUNG DES SCHULTERBEREICHS

Zur Streckung im Schulterbereich heben Sie die Stöcke mit leichter, schulterbreiter Griffhaltung hinter dem Kopf bis zur Armstreckung an und ziehen den Stock dabei mit den Händen leicht auseinander.
Achtung! Zur aufrechten Körperhaltung immer den Bauch einziehen und die Gesäßmuskulatur anspannen.

5. DEHNUNG DES SCHULTERGÜRTELS

Zur Dehnung des Schultergürtels werden die Stöcke wie bei der vorangegangenen Übung gehalten und so weit wie möglich in Richtung Schulter gezogen.
Die Arme gehen aus der Streckung in die Beugung und wieder zurück. Achten Sie dabei wiederum auf eine aufrechte Körperhaltung.

6. STRECKUNG DES RÜCKENS UND DEHNUNG DER BRUSTMUSKULATUR

Bei dieser Übung ist die Unterstützung der Stöcke sehr wichtig. Stellen Sie die Stöcke bei leichter Griffhaltung vor dem Körper weit auseinander. Gehen Sie dann mit den Füßen weit zurück, bis die Arme und der Rücken eine Linie bilden. Der Kopf wird in der Verlängerung des Rückens gerade gehalten, die Knie sind leicht gebeugt.

7. DEHNUNG DER SEITEN

Zur Dehnung der Seiten leichte Seitneigung nach rechts und links.
Achten Sie darauf, daß Sie in der Hüfte nicht nach vorne abknicken. Bei dieser Übung nicht wippen und nur soweit dehnen, bis Sie „Widerstand“ spüren.

8. DEHNUNG DER VORDEREN OBERSCHENKELMUSKULATUR

Das Knie zeigt dabei senkrecht in den Boden.

9. DEHNUNG DER WADENMUSKULATUR

Dabei mit dem Oberkörper aufrecht bleiben.

10. ARMKREISEN

Diese Übung gehört zur Spezies der Lockerungsübungen, ist aber dennoch ein wichtiger Bestandteil meines Stretching-Programms. Lassen Sie die Arme wie ein Windrad rückwärts kreisen. Da viele von uns einen Rundrücken haben, verzichte ich auf die Vorwärtsbewegung der Arme.

11. DEHNEN DES SCHULTERGÜRTELS

Diese Übung haben Sie vielleicht schon bei Schwimmsportlern beobachtet. Suchen Sie sich eine Wand, eine Tür oder einen Baum und beugen Sie den Arm ganz leicht (siehe Bild). Schieben Sie nun den Schulterkopf, den seitlichen Brustkorb und die Hüfte nach vorne. Spüren Sie die Dehnung, halten Sie diese kurz. Zur Kräftigung des Schultergürtels drücken Sie einfach gegen das Hindernis.

12. DEHNUNG DER ADDUKTOREN

Damit Ihr Rücken bei dieser Übung gerade bleibt, benötigen Sie eine Wand als „Mitspieler". Versuchen Sie Ihr Becken und Ihren Rücken vollständig an die Wand zu pressen, und denken Sie daran, dabei langgestreckt zu bleiben. Ihre Füße sind gegeneinander gestellt, die Fersen ziehen Sie so nah wie möglich ans Gesäß. Knie und Schenkel drücken Sie nun beidhändig zur Seite herunter. Um die Adduktoren zu kräftigen, pressen Sie die Knie wieder gegen die Hände – die wiederum drücken gegen die Knie.

13. DEHNUNG DER HÜFTLENDENMUSKEL UND DES OBERSCHENKELSTRECKERS

Auf einer weichen Unterlage machen Sie einen Ausfallschritt. Das vordere Bein ist im rechten Winkel geknickt. Mit einem Arm stützen Sie sich ab, die andere Hand zieht den Fuß zum Gesäß, wobei die Zehen nach unten zeigen. Achten Sie auf einen geraden Rücken und weichen Sie nicht mit der Hüfte aus, sondern schieben Sie diese eher ein Stück nach vorne. Um die Muskulatur zu kräftigen, drücken Sie den Fuß gegen die Hand, die wiederum dagegen hält.

info

Liebe Männer...seien Sie vorsichtig, wenn Sie sich mit Frauen messen wollen – Sie haben keine Chance! Frauen haben einfach eine viel bessere Dehnfähigkeit!

14. DEHNUNG DES GESÄSSMUSKELS

Suchen Sie sich eine Wand oder einen Baum und legen Sie sich auf den Rücken. Ein Bein bleibt gestreckt, das andere ergreifen Sie mit beiden Händen am Kniegelenk und ziehen es in Richtung Brustkorb. Zur Aktivierung und Kräftigung des Gesässmuskels drücken Sie das Kniegelenk nach oben – die Hände halten dagegen.

15. DEHNUNG DER ISCHIOCRURALEN MUSKULATUR (OBERSCHENKELBEUGER)

Sie legen sich mit dem Rücken auf den Boden und halten das Bein gestreckt an eine Wand. Es soll sich zusammen mit der Hüfte nicht vom Boden heben. Mit den beiden Händen schlingen Sie ein Seil (Gürtel, schmales Handtuch) um den Fuß und ziehen das leicht gebeugte Bein ganz vorsichtig in Richtung Kopf und Brustkorb. Wenn Sie nun nach oben gegen das Seil drücken, aktivieren und kräftigen Sie die ischiocrurale Muskulatur.

KRAFTTRAINING: EXTRA-POWER FÜRS NORDIC WALKEN

Wenn Sie an Krafttraining denken, dann sehen Sie vor Ihrem geistigen Auge bestimmt überfüllte „Muckibuden", in denen muskelbepackte Athleten an modernen Foltergeräten schwitzen. Ich möchte Ihnen gern einfache Kraftübungen ans Herz legen, die Sie zu Hause und sogar in kleinen Hotelzimmern mühelos durchführen können.

Bei der Planung meines Trainings habe ich das Krafttraining mit der Ausdauerkomponente verknüpft und ein so genanntes „Zirkeltraining" durchgeführt. Sie brauchen dazu nur einige wenige Hilfsmittel:

- 1 Theraband (Farbe gelb oder rot) für jeweils 2 Armübungen
- 1 Theraband (Farbe grün oder blau) für jeweils 3 Beinübungen
- 2–3 PET-Wasserflaschen (1,5 l), die Sie mit einem Klebeband zusammenbinden (als Medizinballersatz)
- 1 Sprungseil
- 1 kleiner Hocker/Stepper

ZIRKELTRAINING MIT DEM THERABAND, SEIL UND GEWICHTEN

Die Übungen werden nacheinander und ohne große Pausen durchgeführt. Wechseln Sie nach Abschluss eines Workouts sofort zur nächsten Übung, die – je nach Niveau – 30 bis 90 Sekunden dauern kann.

Am Anfang reicht ein Durchgang, nach 2 bis 3 Wochen Übungspraxis kann eine weitere Runde hinzugefügt werden.

Keine Sorge, auch ich habe in den ersten Wochen nur einen Durchgang geschafft und über Muskelkater in verschiedenen Muskelpartien geflucht! Aber Sie kennen mittlerweile ja unser gemeinsames Trainings-Motto und das magische Wort „Geduld".

Lange Zeit hatte ich Kraftübungen nur als wichtige Maßnahme für Sprinter, Springer und Werfer betrachtet, aber es ist auch für Ausdauerathleten immens wichtig.

Aufgrund häufig sitzender Tätigkeit – ob im Büro oder im Auto – und mangelnder Bewegung haben viele von uns Rückenprobleme. Das hat sich mittlerweile zu einer Volkskrankheit entwickelt, der Sie aber mit den folgenden Übungen effektiv entgegen wirken können. Sie stärken damit Ihren Stütz- und Halteapparat, vor allem aber die wichtige Bauch- und Rückenmuskulatur.

wichtig

AUFWÄRMEN VOR DEM TRAINING

Vergessen Sie vor dem Zirkeltraining bitte nicht das Aufwärmen. Es reichen 15–20 Minuten, doch können Sie dieses Training auch im Anschluss an einen ruhigen Dauerlauf durchführen. Wechseln Sie dabei die Muskelgruppen – führen Sie beispielsweise nicht mehrmals hintereinander ausschließlich Beinübungen durch.

1. KRÄFTIGUNG DER GESAMTEN OBERKÖRPERMUSKULATUR

Ihr Theraband (gelb oder rot) sollten Sie an jedem Ende mit einer Schlaufe ausstatten, in die Sie Ihre Hände stecken. Die Mitte des Bandes wird an einer Türklinke befestigt. Achten Sie darauf, dass auf beiden Seiten des Therabands immer gleichzeitig Zug ist. Die Füße zeigen parallel nach vorne. Vermeiden Sie, Hüfte und Oberkörper zu dehen. Ihre Arme sind der einzige Körperteil, der sich – etwas betonter als beim Laufen – bewegt.

2. SEILHÜPFEN - KRÄFTIGUNG DER BEIN- UNDVOR ALLEM DER WADENMUSKULATUR

Seilhüpfen ist kinderleicht – hüpfen Sie los!

3. KRÄFTIGUNG DER SEITLICHEN BAUCHMUSKULATUR

Binden Sie zwei bis drei gefüllte 1,5 Liter-PET-Wasserflaschen mit einem starken Klebeband zusammen. Die Füße bleiben auf dem Boden, den Rücken halten Sie möglichst gerade. Bewegen Sie Ihr Gewicht nun ganz langsam und ohne Schwung zu holen von links nach rechts. Wenn Sie links angekommen sind, verharren Sie kurz, und kehren dann wieder zurück zur anderen Seite. Variante für gut Trainierte: Halten Sie die Beine bei der gesamten Übung leicht über dem Boden.

4. KRÄFTIGUNG DER BEIN- UND WADENMUSKULATUR

Sie können einen kleinen Hocker oder einen Stepper benutzen und abwechselnd auf- und abwärts springen. Das linke Bein drückt sich vom Hocker ab, der rechte Fuß zeitgleich vom Boden. Letzterer berührt den Hocker, während der linke Fuß Bodenkontakt hat. Es kommt darauf an, eine möglichst kurze Kontaktzeit von beiden Füßen zu erreichen (frequentiertes Springen).

5. KRÄFTIGUNG DER OBERSCHENKELMUSKULATUR UND DES HÜFTBEUGERS

Eine Schlaufe des Therabands wird z.B. am Bein eines stabilen Bettgestells befestigt, die andere um Ihren Fuß. Ziehen Sie nun den Fuß und das Bein/Knie in Richtung Kopf und achten Sie auch darauf, dass das Band dabei immer etwas Zug hat. Nach dieser Übung drehen Sie sich sofort auf den Bauch und führen Übung Nr. 6 durch. Anschließend ist das andere Bein an der Reihe.

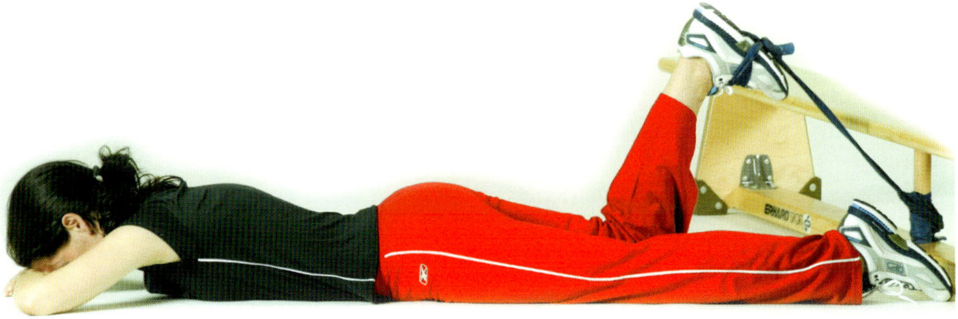

6. KRÄFTIGUNG DER OBERSCHENKEL-RÜCKSEITE

Ziehen Sie den Fuß in Richtung Gesäß, halten Sie dabei jedoch die Hüfte fest an den Boden gepresst und vermeiden Sie Ausweichbewegungen. Gehen Sie also nicht ins Hohlkreuz.

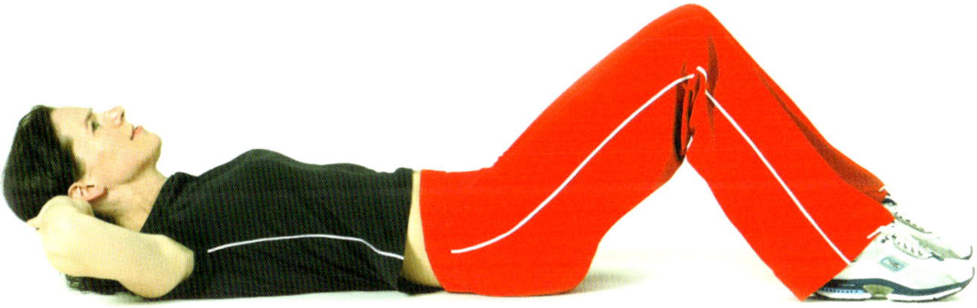

7. KRÄFTIGUNG DER GERADEN BAUCHMUSKULATUR

Die Beine sind leicht angewinkelt, Ihr Blick ist auf die Decke des Übungsraums gerichtet. Wenn Sie Ihren Oberkörper jetzt ganz leicht nach oben bewegen, bleibt der Blick nach oben gerichtet, der Kopf bewegt sich nicht nach vorne (Richtung Becken) sondern nur aufwärts. Sie brauchen sich nur ganz leicht vom Boden abzuheben, um eine Wirkung zu erzielen. Halten Sie die Spannung und legen Sie Oberkörper und Kopf nicht vollständig auf den Boden ab.

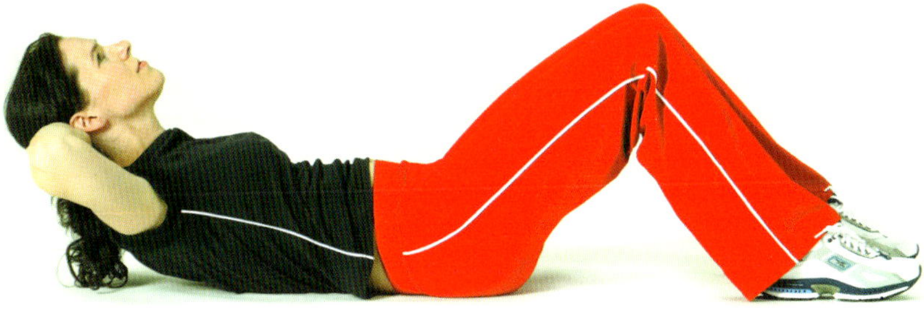

8. KRÄFTIGUNG DER ADDUKTOREN

Eine Schlaufe befestigen Sie z.B. um das Bein eines Bettgestells, mit einer Hand stützen Sie sich an der Wand oder verschränken beide Arme in der Hüfte. Ein Fuß wird in die andere Schlaufe gesteckt. ...

... Ziehen Sie bei gerader Haltung ein Bein immer parallel an das Standbein heran.

9. KRÄFTIGUNG DER GESAMTEN OBERKÖRPERMUSKULATUR

Das Theraband ist das gleiche wie in Übung 1 und wird wie zuvor z.B. an einer Türklinke befestigt. Die Bewegung gleicht der beim Skilanglauf. Sie ziehen nach hinten und halten immer Zug auf beiden Bändern.

10. KRÄFTIGUNG DER RÜCKENMUSKULATUR

Sie legen sich flach auf den Bauch, der Blick ist auf den Boden gerichtet und nicht nach vorne. Beine und Arme sind gestreckt, wobei die Fußspitzen nach unten zeigen. Sie können jetzt in dieser Haltung verharren, oder Schwimmbewegungen simulieren.

BALLAST
8 WEG...

Sie möchten abnehmen und endlich Ihr Wunschgewicht erreichen oder stabilisieren? Mit Nordic Walking können Sie Ballast abwerfen, ohne auf Radikalkuren zurückgreifen zu müssen. Viel Bewegung und eine ausgewogene Ernährung sind das Erfolgsrezept für Ihr „Rundum-Wohlgefühl“.

...MIT NORDIC WALKING!

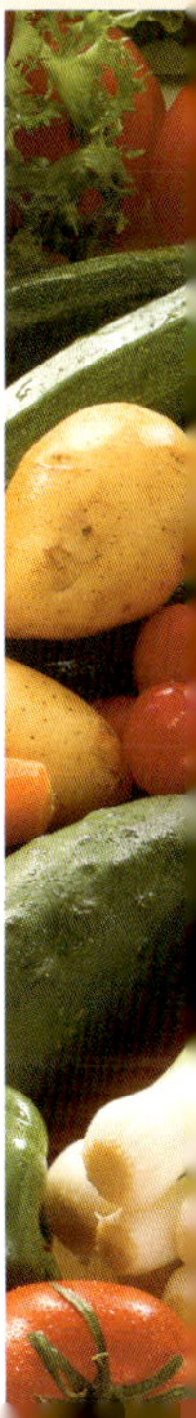

BALLAST WEG MIT NORDIC WALKING

WIE SIE IHR GEWICHT MIT SANFTEM AUSDAUERTRAINING STABILISIEREN UND REDUZIEREN

„Zehn Kilo weg in 10 Tagen" oder „Schlank und rank mit ägyptischer Kohlsuppe" – bereits auf den Titelseiten der bunten Blätter springen uns Schlagzeilen rund um die schnelle Gewichtsreduktion ins Auge.
Bei den meisten Diäten wird der Verzicht auf Kohlenhydrate empfohlen. Dadurch soll die Zielgruppe Glykogendepots mitsamt des dort eingelagerten Wassers abbauen und verliert kurzfristig einige Pfunde. Bei anderen „Schnellschrumpf-Konzepten" wird der Körper zum Energiegewinn aus Eiweißen

in der Muskulatur gezwungen. Das bedeutet, dass der Diätbetreiber seine Muskeln regelrecht „verzehrt". Für Fitness und Ausdauer ist das bestimmt nicht förderlich!

Haben Sie schon vom „Jojo-Effekt" gehört? Kaum ist die Diät beendet, sind die Kilos auch in Nullkommanichts wieder da. Kein Wunder – der Körper hat in den Zeiten des diätbedingten Mangels zum eigenen Schutz seinen Kalorien-Grundumsatz (das ist der Kalorienverbrauch für die lebensnotwendigen Funktionen wie beispielsweise Herzschlag und Atmung) heruntergefahren. Ist die Zeit der Entbehrungen vorbei und kehrt der frisch Erschlankte zu seinen normalen Essgewohnheiten zurück, beugt der Organismus erneuten Dürrezeiten vor und speichert den Nahrungsüberschuss pflichtbewusst in Vorratskammern. Da der Grundumsatz sich jedoch reduziert hat, sind plötzlich allzu viele der aufgenommenen Kalorien überflüssig und werden als Fett deponiert. Das Ergebnis: Nach der Diät wiegen viele Zeitgenossen mehr als vorher.

Wie nehmen Sie clever ab und sichern Ihr Wunschgewicht? Langfristigen Erfolg haben Sie nur mit einer vollwertigen, gesunden Ernährung und ausreichender Bewegung. Wenn Sie diesen Kurs halten, werden Sie unabhängig von Diäten und Ihre Körperstruktur verändert sich deutlich sichtbar: Weniger Fett, mehr Muskelmasse und ein angemessenes Gewicht sind dann Teil einer

natürlichen Entwicklung in einem von der Natur bestimmten Zeitraum.

Ob Fett, Kohlenhydrate oder Proteine – entscheidend ist, dass Sie mehr Kalorien verbrennen, als Sie zu sich nehmen! Garanten für dauerhafte Gesundheit sind eine vollwertige Ernährung und Sport.
Sie möchten Gewicht verlieren und haben sich entschieden, mehr Bewegung in Ihren Alltag zu bringen? Das ist eine hervorragende Idee und wir empfehlen Nordic Walking in verträglicher Dosierung! Sie sollen Ihren Körper nämlich nicht mit schweißtreibenden sportlichen Aktionen quälen, sondern locker und mit Spaß schlank werden. Und es auch bleiben.
„Eile mit Weile“ heißt ihr Motto, denn überflüssige Pfunden lassen sich nicht mit intensiver körperlicher Belastung „wegpowern“. Regelmäßiges Nordic Walking in einem mittleren Tempo regt den Organismus zum Fettabbau an. Wenn Sie schnell und intensiv walken, bevorzugt er Kohlenhydrate als Energiequelle und lässt die gut gefüllten Fettdepots unangetastet. Bevorzugen Sie also ein Trainingsprogramm, das auf Ausdauer ausgerichtet ist: Mit 60 Prozent der maximalen Herzfrequenz liegen Sie im richtigen Tempobereich. Das Ergebnis ist eine deutlich ansteigende Fettstoffwechsel-Aktivität und eine überproportional erhöhte Verstoffwechselung von Glukose. Das Ziel ist erreicht – bei der Energiegewinnung Ihres Körpers geht es rund 80 Prozent der Fette an den Kragen. Wissenschaftliche Untersuchungen haben ergeben, dass die Fettverbrennung bei einer Trainingsbelastung zwischen 50 und 70 Prozent der maximalen Herzfrequenz am effektivsten ist. Für ein Training mit dem Ziel „Gewichtsreduktion“ gilt: Starten Sie mit einer geringen Belastungsintensität und

leiten Sie Ihren Organsimus dazu an, mehr Fett und weniger Kohlenhydrate zu verstoffwechseln. Zeitgleich wird Ihr Körper durch die körperliche Belastung – insbesondere durch den kräftigen Einsatz der Stöcke – auch Musku-latur aufbauen. Das Ergebnis eines sinnvollen Nordic Walking-Trainingsplans ist auch ein wohlproportionierter Körper.

Mehr Muskelmasse an Brust, Rücken, Schultern und Armen verbrauchen zusätzliche Energie, denn Muskeln verbrennen – auch im Ruhezustand – Fett. Trainierte Nordic Walker haben auch nach dem Sport einen erhöhten Grundumsatz. Durch den so genannten „Nachbrenn-Effekt" verbrauchen Sie – je nach Intensität des Trainings – mehrere Stunden lang eine höhere Menge an Energie als ein untrainierter „Sesselhocker". Das bedeutet aber nicht, dass Sie nun nach Lust und Laune neue Kalorien aufnehmen können ohne erneut Gewicht zuzulegen. Eine vollwertige gesunde Ernährung ist der beste Partner Ihres Sportprogramms. Der einfachste Weg, auf Dauer fit und schlank zu bleiben ist ein harmonisches Zusammen-spiel von Bewegung und Ernährung. Kalorienzufuhr und Kalorienverbrauch halten sich dabei die Waage.

Niedrig dosiertes Ausdauertraining = relativ höhere Energiegewinnung aus Fetten

Wenn Sie einer Büroarbeit nachgehen, benötigen Sie täglich etwa 2500 kcal. Bei körperlicher Schwerstarbeit steigt der Kalorienumsatz auf 6000-7000 Kalorien. Die Tour-de-France-Teilnehmer, die zwischen 6 und 8 Stunden im Sattel sitzen, können bei schwierigen Bergetappen bis zu 10000 kcal verbrennen, doch „tanken" sie während des Radfahrens auch ständig Energie in fester und flüssiger Form. Ein Läufer hingegen, der sich in einem Tempo von 12 km/h (5 min/km) bewegt, verbraucht pro kg Körpergewicht ungefähr eine Kilokalorie. Ihren Grundumsatz berechnen Sie mit folgender Formel:

GRUNDUMSATZ-FORMEL:

Eine Kalorie pro Stunde und
Kilo Körpergewicht
Beispiel: 24 Stunden mal 70 kg = 1680 kcal

Wieviel Energie verbrauchen Sie beim Nordic Walking? Die Anzahl der verbrannten Kalorien hängt von Ihrem Körpergewicht, der Zeitdauer Ihres Trainings und der Streckenlänge ab. Ein weiterer wichtiger Faktor für die Berechnungen des tatsächliche Energieverbrauchs ist die MET (metabolische Einheit). Sie legt die Energiemenge fest, die eine erwachsene Person aufwenden muss, um eine Stunde lang aufrecht zu sitzen. Beim moderaten Nordic Walking mit ca. 6 km/h werden rund 5 MET verbraucht (8 km/h = ca. 6 MET). Die verbrauchten Kalorien bestimmen Sie nach der Formel:

Verbrauchte MET x kg Körpergewicht x eine Stunde = Kalorienverbrauch für eine Stunde

DIE KÖRPERFETTWAAGE ZUR FITNESSKONTROLLE

Je höher der Körperfett-Anteil ist, desto niedriger fällt der Grundstoffwechsel aus, denn Muskeln verbrauchen mehr Energie als Fettmasse. Die Muskelzellen arbeiten 24 Stunden – auch, wenn Sie schlafen. Fett hingegen ist träge Masse. Wenn zwei Leute also gleich groß sind und das Gleiche wiegen, bedeutet das noch lange nicht, dass sie auch die gleichen Kalorienmengen essen sollten: Derjenige mit dem höheren Fettanteil müsste – will er bei gleicher körperlicher Betätigung wie sein muskulöserer Kollege nicht zunehmen – etwas weniger essen. Wundern Sie sich nicht, wenn Sie trotz fleißigen Lauftrainings nicht viel Gewicht verlieren: Sie sind dennoch auf dem richtigen Weg! Regelmäßiges Laufen bewirkt, dass Sie Fett abbauen – und bald schon passen Sie wieder in bereits ausrangierte Hosen! Die Kilogramm-Anzeige unserer guten alten Körperwaage ist also zur Bestimmung Ihres körperlichen Zustands wenig aussagekräftig, weil sie Muskeln, Knochen, Wasser und Fett nicht unterscheiden kann. Interessant ist der Anteil von Muskelmasse zu Fettanteil – dieser Wert zeigt an, ob man „gut in Form“ ist oder nur „gut im Futter“ steht. Bei der Bestimmung hilft eine Körperfett-Messwaage, die mit einer Bio-Impedanz-Analyse arbeitet und mittlerweile in fast jedem Kaufhaus erhältlich ist.

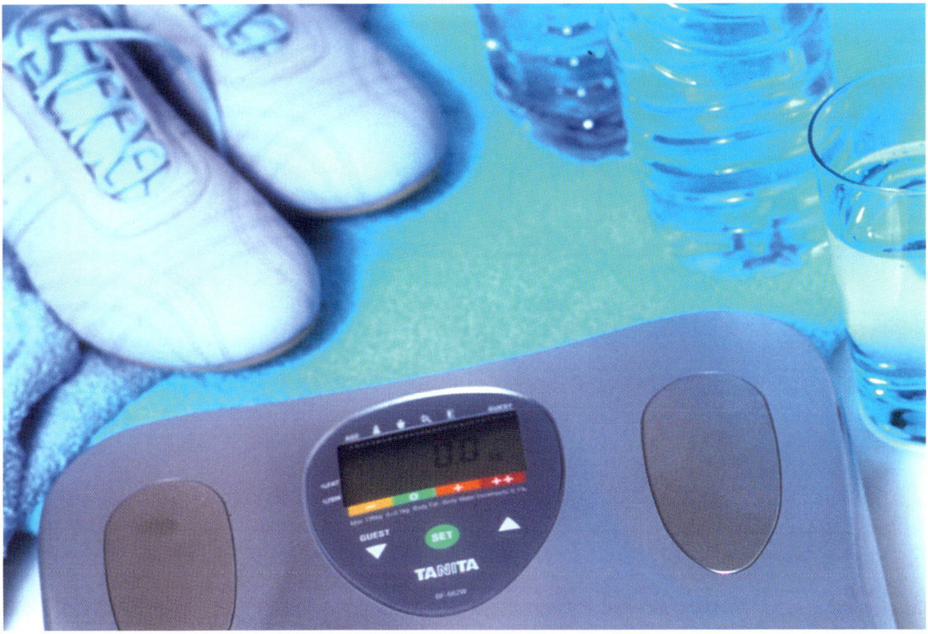

OBST, GEMÜSE UND SEKUNDÄRE PFLANZENSTOFFE: DAS ORCHESTER MACHT DIE VITALE MUSIK!

Die Menge und Kombination des Speiseplans macht eine gesunde, ausgewogene Ernährung aus. Ein wichtiger Punkt in diesem Plan ist der Einbau eines abwechslungsreichen und bunten Angebots an Obst und Gemüse: Die bunte Vielfalt aus dem Garten der Natur enthält kaum Fett, aber viele Vitamine, Mineralstoffe, Spurenelemente, Ballaststoffe und sekundäre Pflanzenstoffe.
Neben den Vitaminen und Mineralstoffen haben die sekundären Pflanzenstoffe in den letzten Jahren immer mehr Aufmerksamkeit erfahren. „Sekundär" bedeutet dabei keineswegs „zweitrangig". Vielmehr stellte es sich heraus, dass diese Stoffklassen sehr wertvolle Bestandteile einer gesunden Ernährung darstellen und somit nicht nur für die Pflanzen wichtige Stoffe sind.

WAS LEISTEN SEKUNDÄRE PFLANZENSTOFFE?

Sekundäre Pflanzenstoffe dienen den Pflanzen selbst z.B. zur Abwehr von Schädlingen oder um durch prächtige, bunte Farben Insekten und Tiere auf sich aufmerksam zu machen. Auch Geschmack und Geruch der Früchte werden durch die sekundären Pflanzenstoffe mitbestimmt. Schutz und Attraktivität, so könnte man die Aufgaben für die Pflanze zusammenfassen. Und das Gute ist: In unserem Körper haben die sekundären Pflanzenstoffe ähnliche Wirkungsweisen und Funktionen.

Bei der beeindruckenden Zahl von mehreren 10000 Einzelsubstanzen ist es bisher natürlich noch nicht gelungen, alle sekundären Pflanzenstoffe in Obst und Gemüse genau auf ihre positiven Eigenschaften zu untersuchen. Wissenschaftliche Studien deuten jedoch daraufhin, dass es nicht die einzelnen Substanzen sind, sondern das natürliche Orchester der Inhaltsstoffe, was für die gesunden, schützenden Eigenschaften verantwortlich ist. Diese Tatsache macht es schwierig, die ausgewogenen Kompositionen der Natur für Pillen oder Powerdrinks „nachzubauen" oder künstlich zu ergänzen. Generell ist der Anteil pflanzlicher Kost an unserem Speiseplan in unserer modernen Industriegesellschaft kleiner geworden. Wir bekommen genug so genannte „essentielle" Nährstoffe, aber im Gegensatz dazu ist die Aufnahme pflanzlicher, bioaktiver Substanzen aus Obst und Gemüse zurückgegangen.

WAS EMPFIEHLT DIE WISSENSCHAFT?

Ernährungswissenschaftler empfehlen bei der Auswahl von Obst und Gemüse die gesamte Farbpalette zu berücksichtigen. Dies ist auch der einfachste Weg, um die potentiellen, gesunden Stoffe aus dem Angebot der Natur optimal zu nutzen.

Die Gesundheitskampagne „5 am Tag" und die Deutsche Gesellschaft für Ernährung empfehlen 5 Portionen Gemüse und Obst am Tag zu verzehren (eine Portion = eine handvoll = etwa 125 Gramm). Möglichst frisch zu jeder Hauptmahlzeit und auch als

Zwischenmahlzeit, wobei 1-2 Portionen durch ein Glas Saft (möglichst frisch gepresst) ersetzt werden können. So werden wir reichlich und ausgewogen mit der Vielfalt an Vitaminen, Mineralstoffen sowie Ballaststoffen und sekundären Pflanzenstoffen versorgt. Eine gesunde Ernährung allein kann jedoch nur einen Teil, wenn auch einen sehr großen, zur Erhaltung unserer Vitalität beitragen. Bewegung und körperliche Betätigung sind ebenfalls von großer Bedeutung. Wobei es nicht auf Höchstleistungen ankommt, sondern auf Regelmäßigkeit. Einfache Tricks, wie den Brief nicht mit dem Auto zum Briefkasten fahren oder einfach ein paar Stockwerke die Treppe steigen, statt immer gleich die Rolltreppe oder den Lift zu benutzen, sind die ersten „Schritte" in die richtige Richtung.

Weitere Informationen gibt es z.B. unter:

5 am Tag
OBST & GEMÜSE

www.5amTag.de (Die EU-geförderte Gesundheitsinitiative) oder www.dge.de (Deutsche Gesellschaft für Ernährung)

9 SERVICETEIL

EMPFEHLENSWERTE INSTITUTE UND LABORS FÜR LEISTUNGSDIAGNOSTIK

DEUTSCHLAND

PLZ 0: 01069 Dresden: Uniklinik Carus, Tel. 0351/459 33 57
01307 Dresden: Institut für Sportmedizin, Tel. 0351/458 59 78
07749 Jena: Institut für Leistungsdiagnostik, Tel. 03641/47 37 65
09126 Chemnitz: Triagnostik Chemnitz, Tel. 0173/9 93 56 02

PLZ 1: 14055 Berlin: Zentrum für Sportmedizin, 030/81 81 20
14469 Potsdam: Sportmedizin Uni Potsdam, Tel. 0331/977 14 95

PLZ 2: 20354 Hamburg: Sportmedizinisches Zentrum, Tel. 040/28 80 97 28
22085 Hamburg: Alstermed, Tel. 040/220 46 68
21337 Lüneburg: Zentrum f. Leistungsdiagnostik, Tel. 043131/560 26

PLZ 3: 30519 Hannover: MSG, Tel. 0511/842 04 15
33100 Paderborn: Sportmed. Institut, Tel. 05251/60 31 80
34537 Bad Wildungen: Med. Zentrum Parkhöhe, Tel. 05621/703-0
38446 Wolfsburg: INTRO, Tel. 05361/55 85 58

PLZ 4: 42699 Solingen: proformance, Tel. 0212/2354643 und 0212/65 02 90
45257 Essen: Medico-Sport, Tel. 0201/490 10 19
46236 Bottrop: Sportmed. Institut, Tel. 02293/911 50
46514 Schermbeck: Movida, 02853/95 71 71

PLZ 5: 50933 Köln: Zentrum für Leistungsdiagnostik, Tel. 0221/498 25 18
50969 Köln: CMS, Tel. 0221/43 37 96
50931 Köln: MAS Institut, Tel. 0221/406 31 21

PLZ 6: 60528 Frankfurt: Sportmedizinisches Institut, Tel. 069/67 80 09 32
64287 Darmstadt: Sport-Gesundheits-Zentrum, Tel. 06151/16 60 69
63069 Offenbach: Institut für Sportdiagnostik, Tel. 069/83 83 86 91
66693 Mettlach-Orscholz: Rehaklinik Saarschleife, Tel. 06865/90 18 30

PLZ 7: 70372 Stuttgart: Sportinstitut, Tel. 0711/553 51 77
72000 Tübingen: Sportmed. Institut, Tel. 07071/298 64-93/91
74321 Bietigheim: Sportmedizin Dr. Dolezel, Tel. 07142/43147
77948 Friesenheim: Med-Tronik, 07821/63 33 30
79106 Freiburg: Uniklinik Freiburg, Tel. 0761/270 74 73

PLZ 8: 80809 München: Sportmedizin, Tel. 089/28 92 44 45
81247 München: Energy-Lab, Tel. 089/69 93 79 12
82131 Stockdorf: Trainingsbetreuung Ruscher, Tel. 089/89 50 01 70
82386 Oberhausen: Sport-Promotion, Tel. 08802/901 15 00
88175 Scheidegg: Diagnostikzentrum Scheidegg, Tel. 08381/94 28 50

PLZ 9: 90562 Heroldsberg: contract:relax, Tel. 0911/610 41 40
90768 Fürth: Accusport, Tel. 0911/76 75 58
93059 Regensburg: Institut für Diagnostik, Tel. 0941/46 41 80
95444 Bayreuth: Sportinstitut Wittke, Tel. 0921/51 54 71
97072 Würzburg: Predia Sport, Tel. 0931/80 49 60

ÖSTERREICH

1150 Wien: Österreichisches Institut für Sportmedizin, Tel. 014/27 72 87 01
5562 Obertauern: Olympiastützpunkt Obertauern, Tel. 06456/76 56-0
6020 Innsbruck: Zentrum Hoffmann, Tel. 0512/26 26 27
8047 Graz: Institut für Sportmedizin, Tel. 0316/5 96 21 44

SCHWEIZ

3432 Lützelflüh: Sportmedizin, Tel. 034/461
7000 Chur: Praxis Dr. Zinsli, Tel. 081/252 66 22
7310 Bad Ragaz: Swiss Olympic Medical Center, Tel. 081/303 38 38
8008 Zürich: Schulthess Klinik, Tel. 01385/75 62

NÜTZLICHE ADRESSEN

www.difabs.de
www.nordic-walking-online.de
www.walking.de
www.walkingportal.de
www.walking-online.de
www.runnerspoint.de
www.anwa.at
www.karstadtsport-walkingday.de
www.reebok.de
www.nordicwalking-reisen.de

WEITERFÜHRENDE LITERATUR

Bös, K.: Walking und sanftes Lauftraining, München 2004
Franke, S.: Laufen, Pfaffenweiler 2004
Franke, S.: Walking, Pfaffenweiler 2004
Franke, S.: Fitness à la Carte, Pfaffenweiler 2004
Neumann, G.: Alles unter Kontrolle – Ausdauertraining, Aachen 2000
Rüdiger, M.: Power Walking, München 2001
Wagner/Peil/Schröder: Trink dich fit!, Darmstadt 2004

IMPRESSUM

AUTOR
Stéphane Franke
www.stephane-franke.de

VERLAG
Verlag weropress GmbH
Schwabenmatten 3, 79292 Pfaffenweiler, Tel.: 07664 / 60 00 15, Fax: 07664 / 85 74
www.weropress.de

LAYOUT, SATZ UND GRAFIKEN:
Gesine Eisfeld | Büro für Gestaltung

UMSCHLAGFOTOS
Titel: Olaf Möldner, Potsdam

LEKTORAT
Katja Rußhardt

VORWORT
Jochen Behle

DRUCK UND VERARBEITUNG
Gulde Druck GmbH, Tübingen

Bildnachweis:
DSV: 4 (klein); **Imago:** 4; **Karstadt RuhrMarathon:** 83, 87; **Olaf Mölnder:** 7, 17, 21, 26, 28, 29, 30, 33-45, 46, 49, 50, 51, 59, 64, 67, 71, 74, 77, 86, 97-113; **Odlo:** 6, 8, 11, 14, 16, 19, 46, 48, 57, 58, 68, 79, 84, 86, 91, 95, 96, 116, 117, 126; **Reebok:** 8, 12, 22, 23, 24, 40, 42, 52, 55, 61, 66, 90, 114; **Runners Point GmbH:** 53, 54, 78; **Tanita:** 119

Hinweis:
Die Ratschläge in diesem Buch sind vom Autor und Verlag sorgfältig erwogen und geprüft worden. Dennoch erfolgen alle Angaben ohne Gewähr. Eine Haftung des Autors bzw. des Verlags und seiner Beauftragten für Personen-, Sach- und Vermögensschäden ist ausgeschlossen.

WEROPRESS FITNESS EDITION

LAUFEN, WALKEN - SANFTES FITNESSTRAINING FÜR EINSTEIGER UND FORTGESCHRITTENE JEDEN ALTERS | WICHTIGES ZU TRAINING, TECHNIK UND AUSRÜSTUNG | WIE BLEIBE ICH FIT MIT DER RICHTIGEN ERNÄHRUNG, MIT TIPPS UND TRICKS AUS DER STERNE-KÜCHE UND VON ZAHLREICHEN SPORT-STARS | **DIE NEUE REIHE BEI WEROPRESS.**

FITNESS À LA CARTE | Das Kochbuch des Jahres 2005! In Kooperation mit dem Sterne-Koch Frank Rosin entstand dieses außergewöhnliche Buch. Es enthält zahlreiche Ernährungstipps des ehemaligen Weltklasse-Läufers Stéphane Franke und 30 Fitness-Rezepte des Meisterkoches, die benutzerfreundlich nach Jahreszeiten gegliedert sind. Besonderes „Schmankerl“: Ein Kapitel über Fitness am Arbeitsplatz und die Lieblingsmahlzeiten von 14 prominenten Sportlern von Heiner Brand über Anni Friesinger bis Erik Zabel. Mit der richtigen Ernährung die eigene Leistungsfähigkeit steigern? Dieses Buch gibt alle Antworten darauf. Man ist, was man isst!

264 Seiten | mit vielen hochwertigen Rezeptbildern von Teubner

ISBN 3-937588-09-4 | Preis: 19,95 Euro

WALKING | Endlich - ein Buch mit detaillierten Trainingsprogrammen für alle Fitness- und Altersstufen. Locker und verständlich geschrieben, enthält der Ratgeber viel Neues über diese Sportart. Ausdauersport-Experte Stéphane Franke beschreibt die Vorzüge des sanften Fitnesstrainings und gibt zahlreiche Tipps zu Technik und Ausrüstung.

112 Seiten | mit vielen Bildern

ISBN 3-937588-10-8 | Preis: 12,90 Euro

LAUFEN | Stéphane Franke, Weltklasse-Langstreckler der 90er Jahre, zweifacher Olymp
finalist und mehrfacher Deutscher Meister, hat ein Laufbuch der Extraklasse geschriebe
Die aktualisierte Neuauflage beschäftigt sich mit allen Aspekten rund um das Thema La
Sie unterscheidet sich von anderen Laufbüchern durch individuelle Trainingspläne für je
Zeitbudget. Besonderes Extra: Eine professionelle Anleitung für Mentale Power von ein
Sport-Psychologen. Gespickt mit zahlreichen persönlichen Anekdoten und Erfahrunge
des Autors aus über 20 Jahren Laufsport ist „Laufen“ nicht nur ein außergewöhnlicher
unterhaltsamer Lesegenuss, sondern auch vom Layout sehr schön gelungen. Wer dies
Laufbuch hat, braucht kein anderes. Ein Muss für jede Läuferin und jeden Läufer!

216 Seiten | mit vielen Fotos und Schaubildern

ISBN 3-937588-13-2 | Preis: 16,95 Euro

WWW.WEROPRESS.DE